von Lust und Last literarischen Schreibens

Ein Blick in die Werkstatt deutscher Schriftsteller

Klaus Modick, Helmut Mörchen (Hg.)

 eichborn.

Die Deutsche Bibliothek – CIP-Einheitsaufnahmen

Von Lust und Last literarischen Schreibens : ein Blick in die
Werkstatt deutscher Schriftsteller / [hrsg. von Klaus Modick
und Helmut Mörchen]. – Frankfurt : Eichborn, 2001
ISBN 3-8218-0888-8

© Eichborn AG, Frankfurt am Main, August 2001.
Umschlaggestaltung: Moni Port
Layout: Cosima Schneider
Satz: Fuldaer Verlagsagentur, Fulda
Druck und Bindung: Clausen & Bosse, Leck
ISBN 3-8218-0888-8

Verlagsverzeichnis schickt gern: Eichborn Verlag, Kaiserstr. 66,
60329 Frankfurt, www.eichborn.de

Inhalt

Vorwort

Orte, an denen Autoren einzeln oder in Gruppen im Scheinwerferlicht der Öffentlichkeit lesen und diskutieren, gibt es viele, von Klagenfurt bis zum »Tunnel über der Spree« in Berlin.* Die Literatur, die bei solchen Gelegenheiten präsentiert wird, ist »fertig«, ist Werk. Über die Entstehungsprozesse von Literatur erfährt die Öffentlichkeit wenig, obwohl daran starkes Interesse besteht. Im Anschluß an Lesungen werden häufig Fragen an Autoren gerichtet, die darauf abzielen, *wie* Literatur entsteht, mit welchen Arbeitstechniken und -methoden operiert wird. Gefragt wird aber auch danach, wie und warum Schriftsteller zu Schriftstellern wurden, warum sie schreiben, was sie schreiben. Solche Fragen sind aber weder formelhaft noch objektiv zu beantworten, weil sich die Fragen jedem einzelnen Autoren anders stellen und entsprechend unterschiedlich zu beantworten sind.

Der vorliegende Band versammelt Texte, die sich mit den äußeren, auch materiellen, und inneren Voraussetzungen und Bedingungen der Literaturproduktion befassen, und liefert somit eine Art Anatomie unterschiedlichster Textkörper. Die Beiträge berichten aber nicht nur von den Höhen ästhetischer und literaturtheoretischer Überlegungen, sondern auch von den Tiefen des materiellen Existenzkampfs auf dem literarischen Markt, von Kooperationen und Konflikten mit Verlagen, Theatern oder Filmproduktionen. Denn die Verwertungszwänge, denen literarische Werke unterworfen sind, haben Rückwirkungen auf die Werke selbst. Und für Autoren sind solche Zusammenhänge zwar

---

* Dazu gehören auch die »Münstereifeler Literaturgespräche«, die seit 1987 Autoren mit ihren Lesern, den Literaturliebhabern ebenso wie den Berufslesern, seien es Lektoren, Kritiker, Lehrer oder Literaturwissenschaftler, ins Gespräch bringen. Autoren müssen im Gespräch sein, sonst finden ihre Texte keine Käufer. In nun bald fünfzig »Münstereifeler Literaturgesprächen« hat die Kurt-Schumacher-Akademie der Friedrich-Ebert-Stiftung sich für die zeitgenössische deutschsprachige Literatur eingesetzt.

zumeist lästig, aber unumgänglich und nicht weniger wichtig als Stoffwahl oder stilistische Erwägungen.

Literarisches Schreiben ist ein einsames Geschäft, informeller Austausch unter Autoren ist die einzige Möglichkeit, dieser Einsamkeit zu entgehen. Es ist deshalb nicht überraschend, daß manche Schriftsteller das ungestörte und nicht fremd, sprich: medial öffentlich, bestimmte Gespräch untereinander als eine besonders wichtige Voraussetzung ihrer Arbeit erleben. Seit 1992 treffen sich jährlich im Vorfrühling etwa 15 bis 20 Autorinnen und Autoren in der Kurt-Schumacher-Akademie der Friedrich-Ebert-Stiftung zum »Münstereifeler Autorentreffen«, um sich gegenseitig ihre entstehenden Arbeiten vorzustellen. Außerhalb jeder Öffentlichkeit, ohne Mikrofone und Kameras, so wie nur während der allerersten Treffen der Gruppe 47, werden diese Werke *in progress* analysiert und diskutiert – von Fachleuten, denn über die Probleme, die sich beim Verfassen von Literatur ergeben, über Lust und Last literarischen Schreibens, weiß niemand besser Bescheid als diejenigen, die Literatur produzieren.

Viele der in Münstereifel erstmals zur Diskussion gestellten Werke sind längst veröffentlicht und integraler Bestandteil der deutschsprachigen Literatur. Manche Texte, auch solche sehr erfolgreicher Autoren, wurden »nach Münstereifel« radikal revidiert, einige landeten sogar im Papierkorb: Der Diskurs beschränkt sich also keineswegs auf gegenseitiges Schulterklopfen, sondern war und ist stets konstruktiv kritisch. Die Offenheit der Diskussion wird gerade dadurch möglich, weil ohne Medienpräsenz der im Literaturbetrieb notorische Konkurrenzdruck weitgehend vermeidbar ist.

Die Idee zu diesem informellen Workshop wurde 1991 an einem lauen Sommerabend in Rom geboren. Geburtshelfer auf der Terrasse der Villa Massimo waren die beiden Herausgeber dieses Bandes, die seit einem Münstereifeler Literaturgespräch zum »Stichwort Postmoderne« im Herbst 1988 in Zusammenarbeit und Freundschaft verbunden sind. Im März 2001 trafen sich zum zehnten Mal fast zwanzig Autoren aus Deutschland, Österreich und der Schweiz zu gemeinsamer Werkstattarbeit. Alle Beiträger unseres Bandes sind mehr oder minder regelmäßige Teilnehmer dieser Treffen, bei denen tatsächlich Literatur entsteht.

Klaus Modick und Helmut Mörchen
Bad Münstereifel im März 2001

Anfänge

Jürg Beeler

SIE BESUCHEN MICH NACHTS

I

Nicht ich, die Worte sind es, die Augen haben, sie betrachten mich, und ich weiß nie, was sie wirklich über mich denken. Ich weiß nicht, ob ich wirklich der Mann bin, den sie suchen.

Worte sind weiblich, das sieht man an ihrer Beweglichkeit, ihrem Gang und ihrer Intelligenz. Was haben sie mit mir vor? Wahrscheinlich warten sie die Dunkelheit ab, um mich zu verführen.

II

Mein Vater hatte mir eine riesige Bibliothek hinterlassen, die zwei ganze Zimmer unserer Altwohnung füllte, die Gestelle standen quer zur Wand und waren so schwer, daß die Riemenböden nicht einmal mehr Luft zum Ächzen fanden. Boîte-Stylist war mein Vater gewesen, Entwerfer von Uhrgehäusen, in seiner Freizeit jedoch passionierter Leser, ein scheuer und zurückgezogener Mensch.

Andere brauchten Schlaftabletten, ich konnte nachts nicht einschlafen, ohne vorher mindestens eine halbe Stunde zu lesen. Nie hatte ich herausgefunden, welches Leben mein wirkliches war, das Leben Simon Hofbauers, des Geigenbauers und Fachexperten, oder das Leben Simon Hofbauers, des nächtlichen Lesers.

Ich verliebte mich leicht in eine Frauenfigur, Emma Bovary wurde *meine* Emma, ich raubte sie dem Autor. Ich wußte nicht, wie ich Emma verführt, wußte nicht, wie sie mich verführt hatte, es war wohl unmöglich, dies herauszufinden, denn die Kunst der Verführung schien eine spontane zu sein und als solche nicht lernbar.

War für einen Mann ein Roman zwangsläufig weiblich und für eine Frau zwangsläufig männlich? Sobald ich einmal ausspannte und meine Parisienne rauchte, besuchten mich die leichtfertigsten und manchmal verschrobensten Gedanken, zogen wie eine Karawane durch mich hindurch, ich wußte nicht, woher diese Karawane kam, ob es immer dieselbe war oder jedesmal eine andere, ob sie nur mich oder auch andere Menschen besuchte, was sie in meinem Gedächtnis zurückließ oder heimlich mitnahm.

III

Meine Mutter kam aus Venedig, sie starb bei meiner Geburt. Bei euch ist's so still wie in einem Beichtstuhl, da muß der Junge ja trübsinnig werden, schimpfte meine Großmutter, wenn sie zu uns kam, aber mein Vater holte keine Frau mehr in die Wohnung.

Seit wann ist es in einem Beichtstuhl still? Im Beichtstuhl wird fortwährend gelogen, im Beichtstuhl kleben die Fürze der alten Schwätzerinnen, und die stinken zum Himmel, sagte mein Vater, um Großmutter zu ärgern.

Das Foto meiner Mutter stand auf dem Nachttisch meines Vaters, dasselbe Foto stand auch auf dem Buffet im Eßzimmer. Meine Spielkameraden hatten Geschwister, zumindest einen Bruder oder eine Schwester, sie hatten Mütter, die sich veränderten und älter wurden, nur ich hatte eine Mutter, die immer gleich jung blieb.

Wenn ich lange genug vor dem Foto stand, erwachte meine Mutter und bewegte die Lippen. Meine Mutter hörte mir zu, nie fiel sie mir ins Wort oder unterbrach mich, wie das andere Mütter taten. Mit meiner Mutter hatte ich reden gelernt, mit meinem Vater schweigen. Später lachten mich meine Mitschüler aus, ich redete nicht wie sie, ich redete eine Muttersprache, die Sprache der Welt war mir fremd.

IV

Der Tod meiner Mutter mußte meinen Vater so erschüttert haben, daß er das Leben für sich abschrieb und sich ganz in die Erinnerung vergrub. Jeden Tag fuhr er mit dem Zug ins Werk hinaus, entwarf seine Uhrgehäuse, für die er immer wieder Auszeichnungen bekam, abends zog er sich in die Weltliteratur zurück.

Ich war fünfzehn, als mein Vater ein Buch veröffentlichte, seine erste und einzige Publikation: *Die Zeit. Eine Geschichte der Uhr von den Anfängen bis zur Gegenwart.* Ich wußte zwar, daß er ein leidenschaftlicher Leser war, aber ich hatte nicht gewußt, daß er auch schrieb. Wer meinen Vater kannte, war überrascht, seinen Namen plötzlich in der Presse zu sehen. Ich bin froh, daß dieser Rummel endlich vorüber ist, sagte er, als nach ein paar wenigen Besprechungen in der Fachpresse keine Störungen mehr zu befürchten waren. Ja, so sagte er, Rummel, ich hingegen träumte von Rummel, ich hätte gerne gehabt, die Welt hätte sich ein bißchen mehr um mich gekümmert, Rummel, in meinen Ohren klang das wie Himmel.

Doch unsere Wohnung blieb still wie zuvor, und mein Vater war immer noch der Mann, der nachts schlecht schlief, zuwenig unter die Leute kam und mir nicht erklären konnte, wie man mit Mädchen umging. Nachts hörte ich das wuchtige Ehebett aus Eichenholz knarren, mein Vater wälzte sich hin und her, ich lag in meinem Zimmer wach und bildete mir ein, meine Mutter stöhne in ihrem Todeskampf. Irgendwann verstummte das Eichenholz, und mein Vater begann zu schnarchen. So leise er tagsüber war, so laut war er in seinem Schlaf.

»Die Zeit«, schrieb mein Vater in seiner *Geschichte der Uhr*, »die Zeit fließt, staut sich oder rast, aber nie schreitet sie im Sekundentakt voran, was wir mit unseren Uhren messen, ist ein Artefakt, ein Phantom, schon meine Milz gehorcht einer anderen Zeit als meine Leber«, und in seinem letzten Brief, der an mich, »meinen Sohn«, gerichtet war, holte er noch einmal aus. »Die Natur«, schrieb er, »richtet sich nicht nach unseren Uhren, die

Stunden und Sekunden haben mich nie interessiert, ja, ich empfand zeitlebens einen Ekel vor ihnen. Wir sind bloß die Schöpfer einer fiktiven, einer leeren Zeit, wir sind die Ingenieure des Nichts. Bald wird die Sekundenzeit auch noch unseren hintersten Seelenwinkel dominieren, das wird dann auch das Ende unserer Rasse sein. Trotzdem habe ich es, wie Du weißt, in meinem Leben nie geschafft, unpünktlich zu sein, und ich kann auch nicht sagen, warum ausgerechnet die Uhren auf mich eine so große Anziehungskraft ausübten«.

V

Mein Vater und ich liebten dieselben Frauen. Sie besuchten mich nachts, heimlich, Odette, Nana und Lady Chatterly, Nastas'ja Filippovna, die leidenschaftliche Russin, Aglaja, Polina, Katerina und Liza, und immer wieder versorgte mich der fleißige Balzac mit Nachschub, Henriette de Mortsauf, die Duchesse de Langeais und die engelhafte Séraphita, Lady Arabella Dudley und Coralie, die Schauspielerin und Prostituierte aus »Glanz und Elend der Kurtisanen«, die zügellose Valérie Marneffe aus »La Cousine Bette«, sie alle hatte ich geliebt. Viele dieser Frauen verschmolzen mit dem Bild meiner Mutter, vielleicht müßte ich umgekehrt sagen, meine Mutter lieh ihnen allen ihr Foto, meine Mutter, die so immer andere, immer neue Gesichter erhielt, und doch war es immer nur ihres, und vielleicht ist es heute noch so, daß ich in den Frauen, ohne es zu wissen, immer noch meine Schulzeitlektüre suche, Odette, Nana, Nastasi'ja Filippovna.

Aber keine schien meiner Mutter so zu gleichen wie Emma Bovary, der ich kurz nach meinem sechzehnten Geburtstag begegnete. Meine Schulkameraden verbrachten die Sommerferien mit ihren Eltern in Italien, Frankreich oder Griechenland, während ich zu Hause blieb und Emma liebte, mein Vater war viel zu ängstlich, um größere Reisen zu unternehmen.

Eine junge Frau in einem blauen, mit drei Volants besetzten Merinowollkleid erschien auf der Schwelle des Hauses. Volants? Merinowollkleid? Ich konnte mir darunter nichts Bestimmtes vorstellen, doch gerade das Ungenaue, Neblige meiner Vorstellung machte dieses Kleid und seine Trägerin so anziehend. Ihr Ehemann *war überrascht, wie weiß ihre Nägel waren. Sie schimmerten bis zu den feinen, mandelförmig geschnittenen Spitzen hell wie Elfenbein aus Dieppe.* Immerhin, der Depp bemerkte wenigstens, daß seine Frau schön war. Elfenbein aus Dieppe, sagte ich vor mich hin, wußte nicht, wie Elfenbein aus Dieppe aussah, wußte nicht, daß Oscar Wild in Dieppe im Gefängnis gesessen hatte, in meiner Vorstellung leuchteten Emmas Fingernägel wie das Perlmutt einer Muschelschale.

Emma hätte sich am liebsten um Mitternacht bei Fackelschein trauen lassen. Aber der alte Rouault hatte keinerlei Verständnis für diesen Vorschlag. War das nicht auch meine Vorstellung von einer Hochzeit? Emma war wie ich. Oder war sie etwa nicht wie ich, erriet ich denn nicht alle ihre Regungen? In Emmas Nähe belebten sich die Gegenstände, sie begannen zu flimmern, sie leuchteten wie Emmas Augen, die je nach Lichteinfall die Farbe wechselten wie ein stehendes Gewässer, das einen stetig wechselnden Himmel spiegelt. Emmas Augen *waren schwarz im Dunkeln und dunkelblau im hellen Tageslicht und hatten gewissermaßen verschiedene, übereinanderliegende Farbschichten, die in der Tiefe dunkler, aber gegen die schimmernde Oberfläche zu immer heller waren.*

Gibt es eine andere Stelle in der Literatur, die so treffend die Augenfarbe der altitalienischen Meistergeigen beschreibt, das Licht, das sich in den hauchdünnen, übereinanderliegenden Farbschichten dieses Lacks tausendfach bricht, das Auge des Betrachters gefangen nimmt und ihn in immer größere Tiefen hinunterzieht?

Erst Jahre nach meiner ersten Liebe zu Emma sollte mir aufgehen, daß diese Figur nur von einem Autor geschaffen werden konnte, der in einer Frau ertrinken wollte und zugleich Angst davor hatte. War Flaubert von der gegenständlichen Welt nicht in ganz ähnlicher Weise angezogen wie von Emmas Augen, beschwor er nicht immer wieder das Leuchten, den Glanz oder das Schimmern einer Vase, eines Möbels, einer Landschaft? Gegenstände schienen für ihn nicht festumrissen zu sein, sondern durchlässig, immateriell und somit verführerisch wie seine Heldin, manchmal kalt und abweisend, dann wieder glühend und verschlingend, Erscheinungen des Wassers, gefährlich und unbekannt.

Die »wahrhaften Uhren« waren für meinen Vater die Werke der Weltliteratur. Die Zeit, die wirkliche Zeit, in der wir mit unserem ganzen Leben, unserem ganzen Körper stecken, widersetzte sich seiner Meinung nach jeder Mechanik, lediglich die Kunst, vor allem der Roman, maß in seinen Augen die Zeit auf eine adäquate Art. *Die Zeit trennt nicht zwischen Gegenwart, Vergangenheit und Zukunft*, schrieb er in seiner Geschichte der Uhr. *Ein Roman erzählt eins nach dem andern, von Seite zu Seite, aber alle Teile stehen in einem Dauergespräch miteinander, stehen also in einer Gleichzeitigkeit. Auf dieser Verwandlung des Nacheinanders in ein Simultanes beruht die Sogkraft des Erzählens. Wahrnehmung ist Einübung ins Simultane, der Schriftsteller ist ein Simultankünstler. Leidenschaft entsteht, wenn sich das Nacheinander, das voneinander Getrennte, als Gleichzeitiges erweist.*

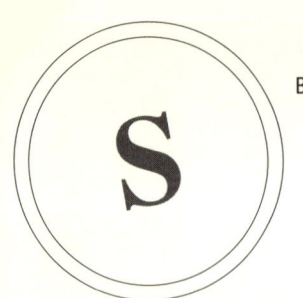

Brigitte Oleschinski

Sandpapier, Tintenfühler

Das Kind, das Warte hieß – es bestand darauf, eigensinnig, »Warte, wie Wegwarte ...«, sagte es höchstens, wenn wieder Köpfe geschüttelt und Witzchen gemacht wurden –, das Kind Warte also besaß einen Vierfarbstift, sechseckig, aus geriffeltem Metall, mit vier kleinen Höckern an den Seiten, die auf- und niedergeschoben wurden, damit zum Schreiben eine rote, blaue, grüne, schwarze Mine erschien. Der Stift war zu schwer für Wartes Hand, und genaugenommen gehörte er auch nicht ihr, er gehörte auf den Schreibtisch von Justus, der mit Rot Diktate korrigierte und mit Grün seine Flugzeuglisten schrieb, ohne die Farben zu verwechseln, weil er sich die Reihenfolge der Minen von Schwarz aus merken konnte, als Backbord und Steuerbord, und Blau war das Heck. Wenn Justus nicht zuhause war, nahm Warte den Stift, klemmte ihn neben ihr Ringbuch an den Gürtel und bestieg den Apfelbaum im Garten. Sie kletterte nicht gut, rutschte oft ab. Das Gefühl von schrammendem Schuhleder, schrammenden Knien auf der Rinde des Stamms wirkte noch lange nach in der Empfindung, den dicken, eckigen Stift in die Hand zu nehmen. Sie saß in der ersten Gabelung des Baums, viel zu weit unten, um unsichtbar zu sein. Dort klappte sie das rote Ringbuch auf. Daß es ein Ringbuch sein mußte, war eine Frage des Prestiges, trotz der Metallwirbel in der Mitte. Die Wirbel störten, sobald Warte mit der rechten Hand auf die linken Seiten schreiben wollte. Eine Weile hatte sie versucht, links mit der linken Hand zu schreiben, fand jedoch die ungeübte Fingerhaltung noch schwieriger, weil der Stift so schwer war. Sie hätte diese linken Seiten gerne freigelassen, traute sich aber nicht. Dazu waren die vorgelochten Ringbucheinlagen einfach zu teuer.

Die Bernsteinblase, in der dieses Kind gefangen scheint, fliegenfern in einer zähen, westdeutschen Epoche aus vergilbtem Licht. Darin hat es Lesen und Schreiben gelernt, vertraut mit Faber-Stiften und Geha-Füllern und Schneider-Büchern. Jetzt sehe ich es in der Astgabel sitzen, die Astgabel klein wie ein Petersilienstengel. Das Kind fühlte sich ohne Wenn und Aber als Erbin der Zukunft, die ihm eine endlose Kette von technologischen Wundern versprach. Wie ein Geburtsrecht genoß es die glatten, glänzenden, aseptischen Oberflächen, die mit der Raumfahrt assoziiert wurden, es liebte die verzerrten Computerstimmen und die multinationalen Raumschiffbesatzungen, die im Namen von vereinigten Weltregierungen unterwegs waren an den äußersten Rand der bekannten Galaxien. Wenn heute mein Bildschirmschoner die Sternenkorridore durchquert, sehe ich nichts als eine ubiquitäre Software. Das Kind damals hielt den Weltraum für das Stadtviertel vor der Haustür seines Heimatplaneten. Es bereitete sich vor auf die Zeit, in der es nicht mehr bei Anbruch der Dunkelheit zuhause sein mußte. Heimlich übte es Gedankenlesen, achtete auf Anschlußfehler im Alltag, die verbotene Manipulationen an den Zeitlinien verrieten. Der Schutzengel, dessen steinernes Profil über Wartes Bett hing, neben dem Weihwasserpantoffel, war in Wirklichkeit ein Außerirdischer.

Inzwischen sind wir in der Gegenwart der Zukunft angekommen, und ich skizziere die Notizen für diesen Anlaß auf einem Bildschirm, der mir mit einem einzigen Mausklick Millionen von Internetseiten zur Verfügung stellt. – »Mausklick«: eins dieser Wörter, mit denen es die Etymologen in hundert Jahren schwer haben werden, gesetzt den Fall, es gibt überhaupt noch Anhaltspunkte, die aus dem frühdigitalen Zeitalter überliefert sind. Vermutlich werden sie ein kaum noch leserliches Tierschützerpamphlet mit den Resten eines Mickymouse-Clips zusammenführen und schlußfolgern, daß die ersten Computer aus der seriellen Dressur von weißen Nagern hervorgingen. – Soviel zu Nachruhm und Lebenswerken. Ja, was wird in der Schnellen Neuen Welt aus den Vierfarbstiften werden, und was aus den roten Ringbüchern?

Die Frage ist, wen man das fragen soll. Sind es denn wirklich die neuen Medien, die unser Verständnis vom traditionellen Buch verändern? Ich zum Beispiel schreibe Gedichte, keine Bücher. Wie Gedichte sich zu Gedichtbänden verhalten, ist immer schon komplizierter gewesen als die beinahe Deckungsgleichheit von (modernem) Roman und Buch. Zum einen gleicht das Gedicht auf dem Papier eher einem Vexierbild als einem linearen Text. Man muß es lange ansehen können, ohne daß die Augen sich an der Typographie, dem Papier, dem Satzspiegel stoßen. Das ist eine handwerkliche Anforderung an Druck und Gestaltung, der die Kompromisse einer Standardkalkulation nur selten gewachsen sind. Darüber hinaus ist ein Gedicht in seiner geschriebenen Fassung wie eine Partitur, die auf Stimme und Atem wartet, auf mehr also, als ein traditionelles Buch je hat bieten können. Diese beiden Aspekte ergänzen einander ebenso wie sie sich widersprechen. Für mich war es nie einleuchtend, daß Gedichtbände unter denselben Parametern vertrieben werden wie Kochbücher oder Das Buch zum Film. Obwohl es natürlich Kochgedichte gibt und das Gedicht zur Jahreszeit, zum Todesfall, zum Liebesknall.

Andererseits wissen heute die Gedichte, daß sie seit Jahrhunderten in Büchern gedruckt wurden, so, wie es auch die Prosatexte wissen, die Romane, die Essays und die Abhandlungen; selbst die Kindergeschichten und die Ratgeber und die Thriller wissen es. Nicht sicher bin ich mir, ob die Lesenden es wissen, das heißt: ob sie beim Lesen wahrnehmen, wieviel Entwicklungsgeschichte und Formverstand eingegangen ist in diese handlichen, faßlichen Objekte mit Rückenbindung und Einbanddeckeln, Titeln und Autorennamen, Vorsatzblättern, Inhaltsverzeichnissen, Seitenzahlen, die ihnen ein paar Generationen lang so selbstverständlich erschienen sein mögen. Aber wer sagt, daß sich nicht andere Lesegewohnheiten bilden können. Das Klicken, das Flimmern und Leuchten hinter den Lettern, die Satzfolgen ohne Anfänge und Endpunkte, Sprünge aus einer Silbe in den nächsten Text: warum nicht. – Und die Schreibenden? Wissen sie's?

Ein kurzer Windstoß, es rauscht in der Petersilienkrone. Wir erschrecken einen Augenblick, das Ringbuch und ich. –

Ihnen zusehen, wie sie die Seitentaschen packen, bei Sonnenaufgang, manchmal sind sie eine ganze Karawane, manchmal nur einzelne Wörter, die sich auf den Weg machen.

Nicht, als ob ich nicht mit den anderen weitergegangen wäre, in diesem merkwürdigen Gefühl des Vorwärtsgehens, das sich allein aus dem Ablauf von Zeit in einem Körper herleitet, selbst wenn das Gehen nur ein Klicken ist, das Rahmen um Rahmen öffnet, als ginge es tiefer hinein in einen Raum und hinter dem Raum wieder in einen Raum und dahinter in den nächsten, eine geläufige Simulation, die wir aus Millionen von Kamerafahrten kennen, vorwärtsgleitend oder auch wie das Herabstoßen aus der Vogelperspektive in den Blick des menschlichen Auges und durch den Augenblick hindurch in die mikroinvasiven Tunnel von Materien, Molekülen, subatomaren Universen – ich ging weiter, dem Klicken nach, tiefer und tiefer in den Schirm hinein: oder wenigstens bildete ich mir ein, das zu tun. Ich bewegte nichts als einen Finger.

Was für ein Organ ist ein Vierfarbstift? – Anthropologische Forschungen legen nahe, daß die Geschichte der menschlichen Sprache nicht mit der aus Wörtern gebildeten Lautsprache beginnt, sondern mit einer Sprache der Gebärden. Lange bevor aus jenen unwillkürlichen Lauten, die sich im Repertoire aller Primaten finden, wiedererkennbare Wörter gebildet werden, verfügen die Hominiden über eine Syntax aus Gebärden, denn Gebärden erzeugen, anders als einzelne Wörter, von Beginn an die in Raum und Zeit verlaufende Form des Verbs. Genauer gesagt: in den Anfängen der Sprache *sind* sie gleichsam die Verben, die einzelne Bezeichnungen – also durch Deuten identifizierte Gegenstände und Wahrnehmungen – zu einer Kette von Darlegungen verbinden. Wann und wie dieses Deuten seine Gegenstände mit wiedererkennbaren Lauten verband und wann und wie die Laute zur abstrakten Repräsentation der Gebärden und damit zur einer lautsprachlichen Syntax wurden, läßt sich erst vermuten. Tatsächlich besteht zwischen der menschlichen Hand und dem Stimmapparat eine besondere Verbindung, die dafür verantwortlich zu sein scheint, daß wir unser abstraktes Denken in Sprache ausdrücken können. Ebenso wahrscheinlich dürfte sein, daß sich die Entwicklung der Schrift als weiterer Ausläufer derselben engen Verbindung zwischen unserem Abstraktionsvermögen und den Bewegungen der Hand verstehen läßt.

Warum Mädchen den Tisch decken müssen, Jungen aber den Rasen mähen dürfen, wollte Warte partout nicht einleuchten. Mädchen sprachen doppelt so schnell wie Jungen, außerdem lasen sie zehnmal so viele Bücher. Aber der dicke Ralph, der jünger war als sie, hatte ein Notizbuch, obwohl er überhaupt nicht schreiben konnte. Er wurde Boss ihres Detektivbüros, weil er ein Junge war. Martin war jünger und hatte Angst vor ihm. Warte hatte keine Angst, sondern sie war wütend. Jeden Satz hatte sie dem dicken Ralph vorsagen müssen. Los, Männer, an die Arbeit!, mußte der Boss sagen, und dann konnten Warte und Martin in der handtuchbreiten Gasse verschwinden, die zwischen Siedlung und Kleingärten verlief, um nach Spuren zu suchen. Damals. Moment, ich notiere!, sagte sie ihm vor, und der dicke Ralph malte ein paar Krakel in das Notizbuch. Die meisten Spuren waren dreckige Taschentücher, Flaschenscherben, Hundescheiße. So ein Idiot! Bloß, weil er dicker war! Weil er ein Junge war! Das Gebäude hatte vernagelte Fenster, aber an der Rückseite hing ein Kellerfenster in den Angeln.

Erinnert sich noch jemand an Fixogum? Dunkelgrüne Tuben, darin ein milchiger Klebstoff in der Konsistenz von Rotz. Er fixierte Layoutschnipsel, blieb aber lange geschmeidig und ließ sich, wenn die Schnipsel wieder abgelöst wurden, rückstandslos wegrubbeln. Fixogum-Popel übersäten alle Layouttische, als es noch keine digitalen Druckvorlagen gab. Ein merkwürdig sinnliches, schmieriges Gefühl, das verlorenging, seit Graphiken aus-

schließlich an Bildschirmen bearbeitet werden. – Ich komme
hier auf Fixogum, weil ich mich auf die Suche nach der Oblate
gemacht habe. Die Oblate ist eine hartnäckige, aus mehreren
Schichten zusammengebackene Erinnerung, eine Art Gedächt-
nispalimpsest. Sie ist blaßgrau oder silbern, und Sartre spricht
von ihr in den *Wörtern*, einem autobiographischen Text, in dem
er die Anfänge seines Lesens und Schreibens reflektiert. Bevor
ich die Stelle wiederfand, meinte ich mich zu erinnern, daß die
Oblate in die Abschrift von Sartres erster selbstgeschriebener Geschichte geklebt worden war und damit das entsprechende Heft
oder Konvolut einen magischen Charakter bekommen hatte. –
Aufkleben, Einkleben. Fixogumspuren. – Vielleicht waren die
Schnittkanten sogar noch wichtiger, die Gummimatte, das Stahl-
lineal, mein Papierskalpell. Kaum zu glauben, daß diese täglichen Übungen erst zehn, zwölf, fünfzehn Jahre zurückliegen.
Damals schrieb ich mit der Hand oder mit der Schreibmaschine,
schnitt die Texte später aus und klebte sie neu zusammen, colla-
gierte sie mit Bildern, Fetzen aller Art. Es hatte nichts mit meinen Gedichten zu tun, anders vielleicht als bei Brinkmann oder
Burroughs, sondern bildete nur die Form, in der ich meine alltäglichen Notizen zusammenführte. Und doch könnte ich sagen,
daß sich in diesem Verfahren die Zwischengeneration spiegelt,
zu der ich gehöre. In den Achtzigern benutzten wir als selbstverständlich, was in den Sechzigern in den USA einen Schub po-
etischer Innovation ausgemacht hatte, nämlich die Entdeckun-
gen aus dem Geist des Cut-up. Das Schneiden, Zerstören, Neu-
Zusammensetzen visueller Elemente schuf in Amalgamen aus
politischer Theoriebildung und Popkultur, schriller Sience Fic-
tion und anarchischer Konsumkritik ein verändertes Umfeld für
das Schreiben der ersten deutschen Nachkriegsgeneration, die
um '68 herum ihre eigene Stimme fand. Vieles davon wirkt heute – und wirkte für uns schon in den Achtzigern – nur noch wirr
und absurd, roh allein wegen der primitiven Ausrisse und Klebe-
stellen, und doch scheint es mehr Kraft zu haben, mehr wüten-
de, vibrierende Energie als die digitalen Apotheosen, denen wir
heute in der multimedialen Kunst begegnen. – Ist das schon die

These? Die Zukunft der digitalen Revolution nichts als ein fader Aufguß der wilden Sechziger, so 3-D-animiert und interaktiv sie auch daherkommen mag? – Ich bin immer noch auf der Suche nach der Oblate. In den *Wörtern* fand ich sie nicht wieder, ich fand nur eine blasse Passage, in der Sartre einen religiös eingefärbten Schulaufsatz erwähnt, der leider nur eine Silbermedaille bekam. Eine Silbermedaille, keine Oblate. Erst in den alten Arbeitscollagen entdeckte ich, daß Sartre die Geschichte an anderer Stelle anders erzählt hat, nämlich in seinen Tagebüchern aus der Kriegsgefangenschaft in Deutschland, geschrieben 1939 bis 1940: ... *Ich denke immer noch voller Bewunderung und Freude an diese Erzählung und an diese Medaille, aber das hat nichts Religiöses. Denn meine Mutter hatte meinen Aufsatz mit ihrer schönen Handschrift abgeschrieben, und ich denke, daß das Gefühl, das ich hatte, als ich meine Prosa so abgeschrieben sah, ein wenig dem Entzücken vergleichbar war, das ich empfand, als ich mich zum erstenmal gedruckt sah. Außerdem mußte die Silbermedaille von einem schönen schillernden Blaßgrau auf die erste Seite der Arbeit geklebt werden, und das Ganze bildete einen herrlichen und kostbaren Gegenstand.*[1] – Die Tagebücher erschienen Mitte der Achtziger erstmals auf Deutsch, und tatsächlich las ich sie zu jener Zeit und exerpierte diese Sätze. Aber erklärt mir eine so schlichte Auflösung die Überzeugung, es sei von einer Oblate die Rede gewesen? Warum erschien mir überhaupt etwas so Unsinniges evident, über Jahre hinweg – eine aufgeklebte Oblate??? Selbst wenn ich in Rechnung stelle, daß von einem Religionsaufsatz die Rede war und das runde Bild der Silbermedaille sich damit verquickt haben mag.

Tatsächlich hat die Geschichte keine Pointe, außer den Schnittkanten. Wenn ich mir anschaue, welche visuellen Räume heute die digitalen Bildoberflächen erzeugen können, erscheinen die Cut-up-Phantasien der alten Avantgarden um ein Vielfaches überboten. Ein Brinkmann vertraute darauf, daß in der tob-

---

[1] Tagebücher 1939–40, S. 107

süchtigen Überschreitung des linearen Textes hin zur visuellen Collage aus Zeitungsfetzen, Prospekten, Fotos die Befreiung des Unterdrückten und Unbewußten vor sich gehe, ein Aufstand der Wahrnehmungen, bei dem es ihm nicht einmal auf das Ergebnis ankam, die fertige Collage, sondern allein auf den bewußtseinssprengenden Prozeß. – Es ist müßig zu spekulieren, ob einer wie er in den erweiterten Medien von heute seine Träume von einer erweiterten Literatur verwirklicht sähe. Oder ob ihm inzwischen klargeworden wäre, daß sich darin zwar die visuellen Möglichkeiten unendlich erweitert haben, aber die unmittelbare haptische Qualität von Texten verschwindet.

Ihnen zusehen, wie sie die Seitentaschen packen, bei Sonnenaufgang, manchmal sind sie eine ganze Karawane, manchmal nur einzelne Wörter, die sich auf den Weg machen.

Warum habe ich keine Bibliothek vor Augen, wenn ich an Bücher denke, sondern Gepäcknähte, Lederschlaufen, Proviantbehälter? – Viele Bücher. Alte Bücher. Wertvolle Bücher, wichtige Bücher, seltene Bücher. Sammelgebiete, Tauschgebote. Erstausgaben, Gesamtausgaben, historisch-kritische Apparate. Maßgefertigte Möbel. Stehlampe. Rotwein. – Offenbar ist das nicht meine Vorstellung von Lesen, aber vielleicht ist es heute überhaupt niemandes Vorstellung mehr. Ich kann darüber nicht spekulieren. Ich spüre nur: Soviel ich auch lese, es wird keine Bibliothek daraus, weder eine alte noch eine neue. Was ich lese, verwandelt sich in meinem Kopf in *ein* imaginäres Buch, das ich überall mit hinnehmen möchte, so, wie ich mein Notizbuch überall mit hinnehme. Auch das Notizbuch ist zu Teilen imaginär, viele seiner Passagen werden im Computer geschrieben und nur über Verweise mit dem Buchkörper verknüpft. Wahrscheinlich ist dieser Buchkörper immer noch das rote Ringbuch. Noch lieber wäre mir, wenn er nicht nur alle Computernotizen integrieren könnte, sondern auf wundersame Weise auch das imaginäre Lesebuch wäre, das alles Lesenswerte enthielte. – Alles Lesenswerte: ist das viel oder wenig? Wenn ich mir die intelligente technische Lösung ausmale, die ja längst in greifbare Nähe gerückt ist, könnte dieses Lese- und Notizenbuch mühelos alle Bibliotheken der Welt anzapfen – und natürlich telefonieren, mailen, Musik abspielen, einkaufen, bezahlen, meine Termine verwalten und am besten noch meine Auftritte absolvieren ... – Vielleicht wünsche ich mir *das*, wenn ich an Gepäck und Proviant denke: ein einziges Überlebensbuch, in dem Schreiben und Lesen in eins fallen.

Und doch: wünsche ich es mir elektronisch? – Anschlußfehler, sagt der Außerirdische, der mein Schutzengel war: mit dem Überlebensbuch hättest du gut aufhören können. Wenn du jetzt wieder mit den Schnittkanten anfängst, dem haptischen Bedürfnis, dem Sand, der zwischen den Seiten rieselt, jeder Satz darin eine sohlentiefe Spur ... – ich hebe die Hand, daß er still sein soll, denn vor uns rollt etwas über die körnige Fläche, vom Wind weitergeblasen, eine faustgroße Pflanzenkugel, haarig, vertrocknet. – Außerdem, sagt der Außerirdische, hast du die Geschichte aus dem Keller nicht zuende erzählt. – Die kennst du doch, sage ich. Da habe ich den Füller gefunden, meinen ersten Tintenfüller. Den dann der dicke Ralph konfisziert hat. – Trotzdem ein Anschlußfehler, sagt er. – Rechthaber, denke ich und blicke der wirbelnden Jericho-Rose nach. Hätte ich sie eingefangen und in Wasser gelegt, wäre sie grün geworden wie Petersilie.

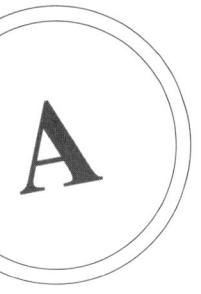

Friedrich Christian Delius

Am Schreibtisch, halb elf

Am Schreibtisch, halb elf. Martin verbat sich Gedanken an die Nachrichten des Tages, an den Nachmittag, an Ellen und Franziska, er gehorchte. Neben der Schreibmaschine lagen Notizen und Blätter der Rohfassung für ein Referat, das er in drei Tagen vorzutragen hatte. Es gab noch einiges zu ergänzen, zu feilen und die Einleitung zu schreiben. Zwischen drei weißen Seiten waren zwei Blätter Kohlepapier in die Maschine gespannt, alles möglichst gerade, möglichst richtig, Martin wollte alles möglichst gerade, möglichst richtig machen, die Ziele waren klar: am Wochenende fertig, am Dienstag präsentieren, Zustimmung gewinnen.

Über die Titel von Anthologien tippte er und dachte, nicht zum ersten Mal: wie albern! Aber es war ein Oberseminar, Kolloquium genannt, ohne ein Referat kam man nicht davon, und er hatte eins der einfachsten Themen gewählt, das wenig Vorbereitung kostete. Doch es wunderte ihn in jeder Woche wieder, mit welchem Eifer sich zwanzig, fünfundzwanzig ausgewählte Germanisten mit den Lyrik-Anthologien des 19. Jahrhunderts beschäftigten.

Auffallen wollte er, wenigstens mit ein paar originellen Sätzen. Es schien ihm geschickt, die Haltung der amüsierten Überheblichkeit, die er ebenso wie die meisten Studenten und Dozenten an den Tag legte, gleich in der Einleitung zu kritisieren. Er wollte es den anderen zeigen, wollte beweisen, daß er die Stimmung im Seminar durchschaute und zu problematisieren verstand, und begann zu schreiben: *Die Untersuchung der Anthologien des 19. Jahrhunderts entspricht, wie es scheint, einer literarischen Obduktion. Deren Objektivität allerdings ist von einer Stimmung gefährdet, die eher einem fröhlichen Leichenschmaus angemessen wäre als einem lehrreichen Befund ...*

In den wöchentlichen Doppelstunden von Oktober bis Januar hatte Martin noch keinen Satz gesprochen, jedenfalls nicht laut. Er galt als der hartnäckigste Schweiger, und er hatte nichts dagegen, der Schweiger zu bleiben, man kannte sein Stottern und seine Zurückhaltung und respektierte seine stumme Aufmerksamkeit. Erfreulicherweise waren die andern überzeugt, daß hinter seinem Schweigen mehr Verstand als Dummheit steckte. Von diesem Irrtum hoffte er zu profitieren. Darum mußte er, wenn er einmal den Mund aufmachte, mit Intelligenz, Kenntnis und Witz glänzen. Mit dem Vorlesen des Referats galt es, sich den Kredit zu verschaffen, weiter im hohen Kreis geduldet zu sein, den Vorschuß, um im nächsten Semester wieder die Rolle des schweigsamsten Schweigers übernehmen zu dürfen.

Der heutige Betrachter erfreut sich leicht der Genugtuung, die Ursachen des friedlichen Hinscheidens der Anthologien ... Schon vergaß er seine Vorbehalte gegen das Thema, er dachte an das Ziel. Die Unlust schwand, die Sätze wurden länger, geschmeidiger, differenzierter. Martin gefiel sich in seinen Sätzen. Wörter aneinander zu bauen, Gedanken ironisch abzufedern, Schicht für Schicht den Ernst aus dem Thema zu schälen und dennoch etwas zur Sache zu sagen, war die eine Seite des Vergnügens. Außerdem gönnte er sich die naive Freude über jede neue Zeile, die er zustande brachte: die Reihe schwarzer Buchstaben, von den Typenhebeln durch ein frisches Farbband auf das klare Weiß des Papiers geschlagen. Buchstabe fügte sich an Buchstabe, Zeile unter Zeile, Absatz auf Absatz, und Martin genoß es, daß ihm dies ohne größere Pausen und Blockaden gelang.

Alle Probleme, die er mit dem Sprechen hatte, waren beim Schreiben vergessen. Selbst wenn er stockte beim Setzen der Buchstaben, wenn er strich und grübelte oder vor der Banalität einer Wendung zurückschreckte, stürzte er niemals so ab wie beim Sprechen. Schlimmer als beim Sprechen konnte es nicht kommen. Daraus zog er die Sicherheit: Irgendwie, irgendwann packst du es, du mußt nur dran bleiben, konzentriert auf die Wörter hören, die du in dir hast, sie fließen langsam, aber sie fließen fast von allein, wenn du nur offen bist, die Wörter wollen ans Licht, sie suchen dich, wenn du allein bist.

Beim Schreiben sah ihm keiner über die Schulter, kein Gott, kein Vater, kein Großvater, auch nicht die Mutter. Schreibend fühlte er sich autonom, allein in einem Geheimbund mit den Wörtern oder in einem freundschaftlichen Zweikampf, und er war sicher, am Ende gegen sie nicht verlieren zu können. Jedes Wort, das nicht aus Fragmenten bösartiger Verschlußlaute, jeder Satz, der nicht aus Stotterruinen bestand, jede gelungene Formulierung waren ein Triumph über die tausend Niederlagen des Stotterers seit der frühsten Kindheit, ein Triumph über die Angst des Studenten, weder über brauchbare Gedanken noch über schlanke Formulierungen und elegante Rhetorik zu verfügen. Endlich war er auf der Siegerstraße der schwarzen Zeilen und feierte und schmeichelte sich selbst, indem er schrieb und schrieb.

Es gab keinen größeren Kontrast als den zwischen Sprechen und Schreiben, zwischen Stammeln und Tippen. Weil er das Geschriebene auch vorzulesen hatte, mußte er nur darauf achten, Wörter mit gefährlichen Anfängen, unüberwindlichen Konsonanten und Doppelkonsonanten zu vermeiden und einige hundert alltäglicher Wörter wie *klar, gleich, zwischen* auszusparen. Das tat er fast schon automatisch und ordnete so die Sprache nach seinen Bedürfnissen. Beim Schreiben beherrschte er die Wörter, nicht die Wörter ihn.

Einmal im Rausch, war es ihm fast egal, ob er Aufsätze oder Gedichte oder Rezensionen schrieb, ihm wurde leichter, lockerer, wenn er sich nur im eigenen Text spiegeln konnte, wenn er unter der Oberfläche der Sätze nach Gedanken und Glücksgefühlen schürfte, die allein durch das Schreiben zutage gefördert werden konnten. Ohne das Schreiben wären ihm die meisten seiner eigenen Gedanken niemals begegnet.

Es war ihm gleichgültig, ob er bei dieser tröstlichen Tätigkeit ein Dilettant war oder ein Talent, ein schlauer Rhetoriker, der möglichst vielen gefallen wollte, oder ein Drückeberger vor dem Leben, vor einer fernen Verantwortung. Im Triumph des Schreibens fand er sich selbst und verlor doch die Ahnung nicht, daß er sich betrog mit den vielen flinken Wörtern, um den stillen Mund und den stillgelegten Körper zu vergessen. Jeder Buchstabe, den er auf das weiße Papier hieb, war ein Körnchen Selbstgewinn, jede Zeile ein Faden, jede Seite ein Steg in die Zukunft und ein Versuch, mit den sechsundzwanzig Buchstaben des Alphabets einen tiefen Schmerz provisorisch zuzudecken. In hellen Minuten entging ihm das nicht, dann konnte er sich sogar als kleiner Baron Münchhausen sehen, der keine andere Wahl hat, als sich mit seinem Text am eigenen Schopf aus dem Sumpf zu ziehen.

So schrieb er, freute sich im Schreiben seiner Triumphe über die Wörter und überspielte die dunkleren Ahnungen mit einem triumphierenden Unterton. Als er die vierte Seite tippte, störte es ihn schon nicht mehr, daß er an etwas schrieb, was er am wenigsten mochte, Referate, denn er hatte längst den Ton einer überheblichen Leichtigkeit gefunden. Er behauptete nicht, etwas zu sagen zu haben. Fast war er überzeugt, nichts zu sagen zu haben, fast nichts. Das aber wollte er auf möglichst schlaue, intelligente Art mitteilen. So wurde er übermütig, und auch wenn es ans Zitieren ging, ließ der Übermut nicht nach. Die bekannte Größe Theodor W. Adorno, schwer zu verstehen und im Seminar mit viel Respekt belächelt, hatte einen ganzen Essay zum Thema *Titel* vorgelegt. Martin zitierte zustimmend zwei, drei Sätze, an die er die Bemerkung fügte: *Mit solchen noch so richtigen und gescheiten Formulierungen läßt sich wenig anfangen*, als wolle er sich auch beim Zitieren keiner Autorität unterwerfen, als müsse er sich von jeder Größe und Bedeutung distanzieren, als dürfe er sich, fünf Sekunden lang, sogar über Adorno erheben.

Jeder Satz war auf Beifall aus, und Martin spürte das, aber es störte ihn nicht, es war die einzige Möglichkeit, Aufmerksamkeit und Sympathie zu gewinnen, vielleicht sogar bei den wenigen Frauen im Seminar. An die stille und kluge Margret dachte er, als er wie nebenbei ein etymologisches Detail zum Wort Anthologie aus dem Lexikon einflocht, *To anthos heißt im Griechischen nicht nur die Blume, die Blüte, sondern auch der Höhepunkt.* Er nahm sich vor, beim Lesen dieses Satzes in Richtung Margret zu schauen, auch wenn er keine Chancen bei ihr hatte, da sie oft mit Dieter zu sehen war, aber warum sollte er es nicht versuchen, er mußte nur aufpassen, beim *to* nicht zu stammeln, vielleicht einfach *ho* sagen, das würde keiner merken. Gerade an dieser Stelle durfte er sich nicht blamieren: *anthos, der Höhepunkt.*

Kurt Bracharz

Selbstermunterung eines Diaristen

Lesen und Schreiben konnte ich schon immer. So kommt es mir vor, weil ich beides vor der ersten Volksschulklasse gelernt habe (im Kindergarten war ich nie) und meine Erinnerungen erst später einsetzen. Mühe hat mir das Erlernen dieser beiden Fähigkeiten offenbar nicht gemacht, und ich wurde gleich süchtig. Ich las ständig, überall und alles, was mir in die Hände kam. Damals waren es Comic Strips, Märchen, Karl May und Zeitungen.

Drei dieser vier Genres bin ich ein halbes Jahrhundert lang treu geblieben; das vierte, jenes, das ich relativ früh aufgab, hat mich – im Rückblick – vielleicht am stärksten beeinflusst. Es war Karl May, den ich in diesen entscheidenden Jahren für einen Schriftsteller hielt, der von eigenen Erlebnissen berichtet. Das würde ich auch tun, war ich mir damals sicher: ein interessantes Leben führen und darüber Bücher schreiben. (Wobei die Bücher das wesentliche sind: das interessante Leben ist nur die materielle Basis für das Schreiben, man erlebt etwas, um davon berichten zu können.)

Das Lesen war ein magischer Vorgang, lustvoll, mühelos, eine Zuflucht (im nachhinein betrachtet; damals las ich, wie der Vogel singt). Das Schreiben – glaubte ich – sei nur die Umkehrung davon, ein reversibles Lesen. So mühelos wie der Text von der Buchseite in meinen Geist floss, so mühelos würde einmal mein Text aus meinem Geist aufs Papier fließen; ich mußte nur erst einmal etwas erleben, von dem zu berichten sich lohnte.

Nun ja, di reder drejen sich, di jorn gejen sich ... irgendwann wurde auch mir klar, dass ich nicht nur kein Kara ben Nemsi war (und niemals sein würde) – und auch kein Karl May, sondern dass es möglicherweise nicht einmal zu einem Leopold Bloom reichte. Und schon für Leopold Bloom brauchte es einen Joyce, um aus seinem Alltag Literatur zu destillieren.

Meine literarischen Groß-Lieblinge waren Arno Schmidt, William S. Burroughs, Günter Grass und Louis-Ferdinand Céline, von denen ich heute keinen mehr wieder lesen mag. In den siebziger Jahren schrieb ich mein Tagebuch in Schulhefte, deren Klammern ich löste, das Papier mit der Schreibmaschine engzeilig beidseitig beschrieb und dann wieder alles zusammenheftete. Diese Hefte sahen gut aus, besser als ein Packen gelochtes Maschinenschreibpapier. Pathetischerweise verbrannte ich die insgesamt etwa 1500 Seiten zuletzt; heute würde ich sie gerne wieder lesen, weil da vermutlich viel drinnen stand, was ich nicht hatte hineinschreiben wollen.

So geht es mir auch mit den paar erhaltenen Super-8-Filmen jener Jahre; uninteressant ist an denen nur das, was ich zeigen wollte, vor allem die Spielhandlungen. Aber wie wir ausgesehen haben und angezogen waren! Und die längst verschwundenen Wohnungseinrichtungen, Häuser und Landschaften, die aufs Bild kamen, ohne dass ich seinerzeit besonders darauf geachtet hätte!

Später führte ich Tagebuch über meine Lektüre. Als Berufsschullehrer fand ich die Zeit, pro Woche mindestens drei Bücher zu lesen und doppelt so viele Filme zu sehen ... meine Vorbereitungen auf den Unterricht haben darunter übrigens nicht gelitten, denn ich schaffte es jahrelang, keine zu haben.

Die Räder drehten sich, und ich schrieb vier Kriminalromane. Sie gingen nicht besonders, wurden nicht als Taschenbücher verlegt, nicht verfilmt und waren wohl nicht so toll – denke ich heute auch. Aber sie ermöglichten mir immerhin, mich als Schriftsteller zu sehen. Vier dünne Romane ... was ist das schon, Edgar Wallace, Georges Simenon oder Karl May schrieben soviel in einem Monat. Trotzdem: besser vier vergriffene Romane im Gedächtnis als, sagen wir, zwei kurze Gedichte in einer neuen Anthologie.

Tagebücher hatte ich immer wieder einmal verfasst, und natürlich Briefe. Diarien und Briefbände könnte ich einige veröffentlichen – aber ich bin ja nicht Ernst Jünger. Der meinte, in hundert Jahren sei jedes Tagebuch interessant (und das äußerte er lange vor seinem 100. Geburtstag!). Abgesehen davon, dass ich bezweifle, dass »Siebzig verweht« irgendwann einmal interessant werden könnte, besteht Jüngers wesentliches Werk natürlich aus seinen Kriegstagebüchern, und ohne deren Erfolg hätte seine ganze übrige gestelzte Prosa wohl im Eigenverlag erscheinen müssen.

Ich halte es mit Ralph Waldo Emerson (von der einleitenden Vorhersage einmal abgesehen): »An die Stelle von Romanen werden schließlich Tagebücher oder Autobiographien treten – faszinierende Bücher, wenn ein Mann es nur versteht, aus dem, was er für seine Erfahrungen hält, das auszuwählen, was wirklich seine Erfahrung ist, und die Wahrheit wahrheitsgemäß aufzuzeichnen.«

Da kann ich nur hoffen, dass Aufzeichnungen darüber, welchen Einfluss die Erfahrungen aus zweiter Hand auf die aus erster ausüben, auch von Interesse sein könnten. Davon handeln – glaube ich – meine Tagebücher vorwiegend.

Der verdrießliche Alltag eines freien Journalisten irgendwo im Bodenseeraum könnte genau so ein Thema der Literatur sein wie der Krieg um Troja oder die Belagerung von Leningrad. Oder vielleicht doch nicht, wenn ich mir nun ansehe, was ich da hingeschrieben habe. Die Kühnheit des Denkens, die Radikalität der Selbsteinsicht, der geschliffene Stil – die brächten es, meint jeder, der an die Abenteuer im Kopf glaubt.

An die glaube ich aber erst von Wölfli oder Schreber aufwärts.

Deshalb wär ich doch lieber ein erfolgreicher *armchair serial murderer* wie z. B. Thomas Harris.

Die Jahre vergehen, und das vorige hat wieder einmal ein Tagebuch hervorgebracht. Ein zur Veröffentlichung bestimmtes (ein schlechtes Omen, denn die berühmtesten wie etwa jene von Samuel Pepys oder John Evelyn waren nicht für den Druck gedacht und wurden mehr als hundert Jahre nach dem Tod der Verfasser erstmals publiziert). Veröffentlichen wird es keiner, man müsste schon Ernst Jünger oder Britney Spears sein, um so etwas als eigenständiges Buch bei einem Verlag an den Mann bringen zu können … im Kielwasser eines Bestsellers ginge es natürlich schon.

Es bleibt mir wohl nichts anderes übrig … ich muss endlich einen Bestseller schreiben.

Schreibgründe

Thomas Hettche

Gespenster

Alle medialen Artefakte und Formen bilden ein unendlich verzweigtes Stollensystem in den Sedimentschichten des kollektiven Erinnerns, die die Zeit immer weiter unter den sanften Hügeln der Gegenwart verdichtet, auf denen wir Tag für Tag unschlüssig von einem Fuß auf den anderen treten. Überall Gruben und Stollen, die ganze Landschaft unterteuft von den Wetter- und Blendschächten der künstlerischen Motive, den aufgelassenen Zugängen historischer Erklärungen, den Wendelrutschen und Fördergruben von Information und Zerstreuung. Tief geht es an manchen Stellen hinab, andernorts überschneiden sich sehr unübersichtlich die engen Ganggeflechte der paranoiden Weltentwürfe und öffnen sich dann plötzlich zu den riesigen Kavernen und Salzkathedralen der populären Mythen. Ein Autor, der dieses mediale Verfaßtsein der Welt außer Acht läßt, verirrt sich notwendigerweise und findet oft nie mehr ans Tageslicht zurück. Die mediale Verfaßtheit der Welt bedeutet stets Selbstreflexion an den gleißenden Wänden der inneren Quarze, denn auch die eigenen Bücher sind winzige Lufteinschlüsse in den Sedimenten der Zeit, Negativformen der eigenen Person, Avatare und Unterhändler im kollektiven Raum des Erinnerns, Selbstgespräche mit der eigenen toten Zukunft.

Autoren benötigen daher neben guten Kenntnissen der geologischen Verwerfungen in den Erzadern und Flözen, aus denen die Hüttenwerke der bildverarbeitenden Industrie versorgt werden, vor allem ein Bewußtsein für die Verarbeitungstechniken, mit denen der geförderte Ertrag immer wieder umgeleitet, durch Zisternen, Reinigungsbecken und Sickergruben geführt, gestaut, erhitzt und gefiltert wird in dem schier endlosen Prozeß aus Vergessen und Rekonstruktion, aus dem schließlich unsere mediale Erinnerung geläutert und geschmiedet hervorgeht. Entscheidend für jede literarische Gestaltung von Welt ist jedoch letztlich die Sensibilität für das, was in all diesen Prozessen, in den geläufigen Mustern und der Routine, in den Formeln, den zu geübten Gesten und im vorurteilsvollen Blick verformt, verfälscht und damit für immer verloren wird.

Als ob man Arme, Straßen, Rümpfe, Häuser verlängerte, wo der Bildrand sie abschneidet, beginnt jede Erzählung dort, wo die Bilder die Wirklichkeit immer schon amputieren. Man schreibt sich mit einer Geschichte in die Geschichte ein, die doch vorgibt, nichts wegzulassen, und versenkt Stück um Stück von sich wie strahlenden Abfall im Stollen- und Gängesystem unserer Bilder. (Niemand weiß, welche Erinnerungen in den versiegelten Buchfässern noch wirkkräftig sind, welche es erst noch werden und welche bereits zerfallen und in welcher Zeit.) Dialektik der Medialität: daß sie uns von uns befreit, indem sie Macht über uns gewinnt. Überall sehe ich hinter den neuen Fassaden Berlins noch deren alte Realität, die meine erfundene ist. Unverändert gibt es für mich, weil ich sie beschrieb, noch immer die geschwärzten Stümpfe der Statuen an der ehemaligen Mauerseite des Gropius-Baus. Die Realität der Medien ist die Medialität des Realen. Wenn ich durch Berlin gehe und dabei die Wege meiner Figuren kreuze, ist mir das so unangenehm, als spräche ich auf offener Straße mit mir selbst oder begegnete Gespenstern.

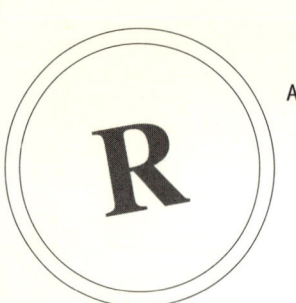

Alban Nikolai Herbst

Rede

aus Anlaß der Verleihung des Phantastik-Preises der Stadt
Wetzlar zum 16. September 1999
gehalten von einem Feinde

Sehr verehrte Damen,
sehr geehrte Herren,

Alban Nikolai Herbst hat mich gebeten, den ihm verliehenen
Preis an seiner Stelle entgegenzunehmen. Darüber hinaus erwartet er, daß ich einige Sätze zu Ihnen spreche, die nicht nur seinen Dank erstatten, sondern Ihnen auch einige seiner grundlegenden Positionen nahebringen.

Ich erstatte hiermit seinen Dank.

Was die grundlegenden Positionen anlangt, allerdings, bin
ich in einer bizarren Lage. Denn ich möchte die Situation ganz
im Gegenteil dafür nutzen, warnend auf die geneigte Leserschaft einzusprechen. Auch wenn mir so etwas mittlerweile
sinnlos vorkommen will. Vielleicht aber lohnt sich dieses Mal
meine obendrein lange und mühsame Reise; Sie werden wissen,
daß sich der Dichter derzeit in Indien aufhält. Unser, ich möchte es *Binnenverhältnis* nennen, ist von Beginn an problematisch
gewesen. Ich mußte ihn nur *sehen*, schon stand ich seinem
Charakter und Werk skeptisch gegenüber. Aber um so lieber hat
er mich für seinen Darsteller mißbraucht. Typischerweise hat
uns eine Tageszeitung kürzlich verwechselt und *ihn* den Dichter-Darsteller genannt. Das hat ihn amüsiert. Dabei kennt er
meine Position und stärkt sie auch noch. Es macht ihm Freude,
mich mit seiner Verderbtheit zu foppen. Welcher Geist hielte so
etwas klaglos aus? Neuerlich und neuerlich auf solcherart Auf-

träge gesendet zu werden, ist etwas, woran ich verzweifeln könnte. Dabei plant er lange voraus, plant überhaupt gerne. Wie anders wäre zu erklären, daß er mich bereits zu einer Zeit aus meiner Flasche rief und in meine spätere Aufgabe trainierte, zu der an die literarisch unverhältnismäßigen Ehren, welche ihm mittlerweile zuteil geworden sind, ebensowenig zu denken war wie demzufolge an diesen verhältnismäßig literarischen Flug Bombay-Wetzlar.

Aber auch, ist er persönlich zugegen, setzt er mich als seine Tarnkappe auf. Und ist rücksichtslos genug, sie auch für Tarn-*schuhe* zu nehmen. Wie's sich mit ihm drin turnt, schert ihn nicht. Aber auch ohne ihn, meine Damen und Herren: Ich kann mich danebenbenehmen, wie ich will, letztlich ficht ihn nichts an. Dabei habe ich ihn bereits einige Male vor sehr kompetenten Leuten unmöglich gemacht. Doch immer wieder ruft er mich in die Maske des Interpreten seiner Texte, als welchen er mich sozusagen auf seiner Gehaltsliste hält. *Gehalt* ist natürlich das falsche Wort. Sondern er hat an meiner Flasche gerieben, die er, bis er sie seinerseits weiterverkaufen wird – und zur rechten Zeit, muß ich fürchten! –, immer in seiner Reichweite hält. »Dschinn, erscheine!« hat er auf seine unangenehme Weise gerufen, »Dschinn, erscheine, fliege nach Deutschland ins Hessische und nimm für mich diesen Preis entgegen. Hier ist dein Ticket.« Daß er mich die Reise nicht auf *meine* Art tun ließ, die weder Zeitverlust noch Strecken kennt, zeugt besonders von seiner Mindergesinnung. Ich habe über die Jahrhunderte hinweg so viele Aufgaben übernehmen müssen, doch glauben Sie mir: keine ist so qualvoll gewesen wie diese. Ihn öffentlich bloßzustellen, hat keinen Zweck. Herr Herbst zieht in jedem Fall aus meinem Auftritt Gewinn. Freilich bloß deshalb, weil ja nicht er der Urheber seiner Werke ist, als welcher ich gelte, sondern eben jener Hans Erich Deters, den Sie, meine Damen und Herren, allezeit Grund gehabt haben, für Herbsts *Figur* zu halten. Darüber wurde bereits an anderen Stellen berichtet, und ich erspare mir, den Sachverhalt abermals auszubreiten. Der Hinweis möge genügen, daß Herr Herbst die von Herrn Deters angedrehte Schraube durch mich um ein weiteres gedreht hat. Ob an Daumen oder Geist, und an wessen, das zu entscheiden, steh ich nicht an.

Meine Damen und Herren, daß Sie einen Preis wie den Ihren einem solchen Autor zufallen lassen, überrascht mich und hat, muß ich sagen, auch ihn überrascht. Denn nicht zu Unrecht, meine ich, wird diese Literatur in den Feuilletons als schwierig und wirr gehandelt und als ein in den Köpfen ihrer Kritiker ganz unnötig herumknotendes Zeug, das schon wegen seines – ich zitiere den Kritiker Ueding – *Bildungsballasts* jedermann unverdaulich im Magen liegt. Die Verdauungsapparaturen der fünfzehn Wetzlarer Bürger allerdings, die Ihre Jury stellen, scheinen von nicht so schwacher Konstitution zu sein. Was den irrtümlichen Gedanken nahelegt, der sogenannte einfache Leser – so genannt, nicht weil er einfach wäre, sondern weil er einfach *liest* – habe einen weniger verstellten, einen durchaus vorurteilslosen Blick auf Literatur. Kein Zweifel, daß Herr Herbst das gerne so sehen möchte. Ich hingegen, weniger romantisch veranlagt als er, habe die Hoffnung, daß die Entscheidung der Jury auf einem Mißverständnis beruht. Herr Herbst selbst ist natürlich zu eitel, um eine solche Möglichkeit in Erwägung zu ziehen. Und ich werde den Teufel tun, sie ihm nahezubringen. Soll er nur feiern da drüben in seinem Maharashtra und, während ich fort bin, aus meinem Gefängnis sein süßes Lassi trinken! Die bittere Neige kommt hoffentlich nach.

Ich spreche, meine Damen und Herren, von dem Mißverständnis der Ähnlichkeit. Wenn etwas so aussieht wie das, was Sie kennen, ist es das weder *noch stellt es das dar*. Das sehen Sie an mir, der ich und wie ich hier vor Ihnen stehe. Nicht einen Moment lang hätten Sie mich für das gehalten, was ich bin. Leider existiert zwischen Kunst und Leben dennoch ein Zusammenhang: Er beruht irgendwie auf jenem ominösen Dritten, das die formale Logik aus unseren Welterklärungsmodellen klugerweise ausgeschlossen hat. Nur eine bestimmte, meist elitäre Kunst bringt es mit krimineller Beharrlichkeit immer wieder ins Spiel und läßt nicht vergessen, daß in der Dichtung etwas sei, das sich weder auf die Sozialisation ihres Autors noch auf seine Gegenwart rückbinden lasse, ja, es habe mit ihrem Urheber schlechterdings nichts zu tun. Dieses Dritte meint Herbst als *Das Fantastische* zu fassen. Ich selbst bin, allein meiner Natur wegen, ein Gegner solcher Mythologie und der Kunst überhaupt. Lieber möchte ich von *Texten* reden: – nämlich weil dieses Fantastische weiterhin umtreibt, alles daran setzen, es endlich abzuschaffen. Nur wenn das gelingt, komme ich für immer aus meiner Flasche heraus. Die Begründung Ihrer Jury geht auch einige Schritte auf mich zu. Sind die fünfzehn Bürger nämlich bloß dem Mißverständnis der Ähnlichkeit erlegen, besagt das ja nichts anderes, als daß man sich einmal mehr von Herrn Herbst hat verführen lassen. Er tut so, als wäre das Fantastische notwendigerweise der im Kunstwerk schlagende Puls. Es ist aber auch ein anderes, ein *nur-gemachtes* Kunstwerk zu denken. Das hätten wir dann zur Gänze im Griff. *So* haben Absichten und Ansichten seines Urhebers nichts in ihm zu suchen. Kehren sie sich dennoch vor, spielen sie qualitativ keine Rolle. Ich lehne so etwas ab. Zumal nun das Mißverständnis der Ähnlichkeit ehrbare Menschen verleitet, ein solches Kunstwerk auszuzeichnen, weil es scheinbar Zustände abbildet, um sie zu kritisieren. Komme ein Roman aus solchen, sagen wir: politischen Gründen in den Genuß einer Belobung, dann sei das, so polemisiert Herr Herbst, zwar verständlich; indessen würde man dann auch den ethisch korrekten Filialleiter einer Sparkasse auszeichnen können. Es hat nun für mich etwas gehässig Feines, Herrn Herbst indirekt als einen solchen betrachtet zu finden. Vielleicht ahnte er das und wollte seinen Preis deswegen nicht persönlich entgegennehmen.

Selbstverständlich speist sich auch sein Roman aus der Realität. So unklug ist er nicht, das zu bestreiten. Läßt sich ja übergenug inspirieren, um nicht zu sagen: schlachtet die Wirklichkeit aus. Nur daß er die Kunst nach solcher Initialzündung eigengesetzlich neben ihrem Impulsgeber herlaufen lassen möchte. Und behauptet außerdem, ja insistiert auf dieser ganz verderblichen Ansicht: in gleichem Maß wie jene von dieser, werde Realität aus Kunst gespeist. Es liegt auf der Hand, daß Herr

Herbst damit Unvermögen oder Desinteresse kaschieren will, der Dichtung eine menschlich wahre, das heißt: sozial verantwortbare Richtung zu geben. Er will, daß ich in der Flasche *bleibe*. Das Verhältnis eines Textes zur Realität ist nämlich bei Herrn Herbst in keiner Weise eines der Spiegelung, auch keines der Beschreibung, es ist weder eines der Sublimation noch des Protests gegen irgendwie schlechte Zustände. Bei manchem Autor, so meint er, möge derartiges zwar als Movens gedient haben; die Kunst selbst indessen bleibe davon im selben Maß unberührt, wie Sie nicht Ihre Eltern seien. Meine Damen und Herren, Herrn Herbsts Texte dienen keiner vernünftigen Absicht. Sie sind nicht einmal affirmativ. Indem er einer modernen Luxusvariante des *L'art pour l'art* frönt und dennoch von einer Verbindung zur Realität ausgeht, unterstellt er, seine Texte wirkten unabhängig von ihrem Schöpfer. Das ist antirationalistisch. Ich kann mir nicht vorstellen, daß Ihre Preisvergabe einer solchen Haltung Vorschub leisten will.

Ich mag hier meinen Zeigefinger weder heben noch ihn in dem Irrtum der Jury herumpulen lassen. Das wäre bei einer so problematischen Poetik wie der Herbstschen, die den Dichter vom Polizisten oder Pädagogen trennt und rein gar nichts bewirken *will*, insgesamt verfehlt. Vielmehr mache ich uns eine partielle Blindheit bewußt, die einen ganz wesentlichen Teil der gegenwärtigen deutschsprachigen Literaturrezeption charakterisiert und charakterisieren muß, meine Damen und Herren. Die Blindheit wird als Augenklappe zur Uniform des moralischen Anstands getragen. Tatsächlich garantiert einzig noch sie eine auf Vernunft und Sozietät fundierte Aufklärung. Als Flaschengeist weiß ich, und Sie als Menschen ahnen es, daß ihre Grundlagen illusorische sind. Aber Sie tragen zu sehr an den Wunden und müssen daran tragen wollen, die das selbsternannte Tausendjährige Reich Ihrem Gewissen schlug, als daß Sie auf eine solcherart definierte Identität verzichten dürften. Nur sollten wir, meine ich, uns dessen bewußt werden; nicht weil Ihre Haltung falsch ist, sondern weil solche wie Herr Herbst sonst eine fiktive Lanze in das Lindenblatt rammen, das Sie an dieser Stelle verletzbar hält. Sein Angriff auf Identität muß abgewehrt werden, und zwar um so mehr, als nicht bloß das sogenannte *anything goes* der Postmoderne (das in den aus ihr entstandenen Kunstwerken so nie gestimmt hat; das wissen Sie selbst, aber irgendwie muß man seinem Gegner Pari bieten), sondern der Weltlauf die Hoffnung, die Menschheit lasse sich auf Dauer zivilisieren, brutal zurückgeschlagen hat. Nicht nur das lawinenartige Vorrücken eines allumfassenden Cyberraumes gilt es abzuwehren, diesen Einbruch *meiner* Domäne in Ihre, sondern auf der genau anderen historischen Seite entzieht sich der jugoslawische Bürgerkrieg, der den Schreibprozeß an *Thetis. Anderswelt* begleitet und manche Greuel des Romans auf das barbarischste inspiriert hat, jedem aufgeklärten Kalkül. Hier legt Herr Herbst nahe, es seien die Mänaden derer, die er *Thetis* nennt, in die Menschen gefahren. Fahren sie also jetzt, gleichsam um Ihre moralische Parteinahme gegen seine Indifferenz zu verhöhnen, in die siegreichen Kosovoraner? Bedeutet nicht dann, wenn Sie sein Buch als ein Sinnbild verstehen, auf seine Weise das Unheil noch zu rechtfertigen, da er sich doch implizit auf die Seite unbewußter, sozusagen natürlicher Triebkräfte schlägt? Merken Sie, wie brisant das ist? Helfen Sie lieber, die in die Schranken zu weisen!

Auch darin wirkt ein Mißverständnis der Ähnlichkeit, ja wird von Herrn Herbst noch gefüttert: Was der Wirklichkeit die Geschichte, sei der Fiktion die Erzählung. Diese Analogie, meine Damen und Herren, darf niemals mehr sein als eben das. In dem aus ebenso bedenklichen Gründen berühmten NationalEpos **Geschichte und Eigensinn** haben die Herren Kluge und Negt kommentarlos zwei Abbildungen untereinandergestellt: einmal die der Ausdehnung des Eises zur Eiszeit, zum zweiten die eines menschlichen Gehirns, das sich eben während dieser Epoche in seine heutige Gestalt ausgebildet hat. Beide Figuren sind nahezu identisch. Hier haben Sie einen Vorläufer des ständigen Herbstschen Mißbrauchs. Was, meine Damen und Herren, kann eine so frappierende Ähnlichkeit besagen? Nichts! Gar nichts! Lassen Sie sich nicht täuschen! Das analoge Denken macht uns die 6 für die 9 vor. Und verlängert meine Gefangenschaft.

Begehen wir also nicht den Fehler, die Geschichte der Erzählung gleichzusetzen. Zumal sich Herrn Herbsts Erzählung Geschichte ganz ungeschieden einverleibt. Man hat ja bereits darauf hingewiesen, daß er offenbar nicht auswählen kann. Ich fürchte, meine Damen und Herren, er *will* das nicht. Nimmt obendrein dieser Autor Partei, dann so, daß ihm ein Leser, der ethisch auf sich hält, unmöglich folgen kann. Ich erinnere an die sträflich unkorrekte Behandlung der gepiercten jungen Dame im Vorspiel des Romans. Mich peinigt so etwas. Dabei spreche ich noch gar nicht von den Säuglingsmorden. Die Schrecken Ihrer Wirklichkeit sind für ihn nichts anderes als Materialbatzen, die er sich zu meinem ständigen Unglück zurechtkneten kann.

Ich zitiere die Pressemitteilung der Jury:

»Daß Alban Nikolai Herbst dabei die unglaubliche Vielschichtigkeit, die Schnelligkeit, Multikulturalität und Multimedialität unserer realen Welt unter Verwendung von Mythen- Fantasy- Horror- und Science-Fiction-Elementen in einem sprachlich gewaltigen Gesamtkunstwerk versinnbildlicht, macht dieses Werk zu einem bemerkenswerten Ereignis in der aktuellen Buchproduktion.«

Meine Damen und Herren, das ist alles falsch. Herr Herbst versinnbildlicht nichts. Schon der Begriff Sinngebung ist ihm fremd. Er *benutzt*. Man kann das gar nicht böse genug betonen. Ihn interessiert das Opfer *als Effekt*. Die ganze Veranstaltung seiner Literatur ist aufs innigste unmoralisch, ja von einer kriminellen Energie durchzuckt, die rein für sich selbst fließt. Das entspricht völlig den Naturkräften, die sie feiert; dennoch *ist* sie sie nicht. So etwas möchte Herrn Herbst wohl passen! Doch will er sich nicht einmal, was vernünftig wäre, bereichern. Und legt also keinen Wert darauf, Leseerwartungen zu erfüllen. Niemand kann Lehren aus dem Buch ziehen. Es läßt Sie Ihren Alltag nicht leichter ertragen. Selbst die Figuren des Buches entschlüpfen der Wertung. Zwar handeln sie moralisch oder unmoralisch – doch immer nur je nach Standpunkt der übrigen Figuren –, und letztlich ist keine von ihnen verantwortlich für das, was sie tun: sie gehorchen tragischen Strukturen; es sind – auf schlecht Heideggersch: – Geworfene. Daß die sich für freie Individuen halten, wirft sie nur auf besonders hinterfotzige Weise. Meine Damen und Herren, wer von Ihnen sich seiner gesellschaftlichen Verantwortung als Person freien Willens bewußt ist, kann Herrn Herbsts Roman nicht für ein Sinnbild nehmen. Insofern haben seine Kritiker ein größeres Recht als die fünfzehn Bürger Ihrer Stadt. Schon das demokratische Gesetz der Mehrheit steht dagegen. Freilich gefällt er sich noch in der Pose des ästhetischen Antidemokraten. Einmal stellte er zu meinem Entsetzen sogar die Behauptung auf, gute Literatur sei jugendverderbend; sei sie das nicht, sei sie schlecht. Ich kann die Frankfurter Allgemeine Zeitung insofern gut verstehen, die **Thetis. Anderswelt** in verschiedener Form dreimal verriß, selbst wenn die dadurch einem Buch entgegengebrachte Aufmerksamkeit seltsam ungewöhnlich ist. Freilich mag das in der, wie vormals ein Kritiker schrieb: *notorischen Unbekanntheit* seines Autors ihren Grund gehabt haben. Jedenfalls wirkt ein ganz zu Recht wachsamer Argwohn. Nicht nur vertritt Herr Herbst ein entschieden manieristisches Konzept, sondern er ästhetisiert in voller Absicht Gewalt. Daß er dieses Vorgehen durch seine oben skizzierte Auffassung entschuldigt, derzufolge Kunst selbstregulativ und eben nicht von den Intentionen des Autors gesteuert werde, macht es nicht besser. Wem nach Mord und Mythe ist, möge zu südamerikanischen Autoren greifen; Ihre Literatur sollte ohne Makel dastehn vor der Welt – und Buße demonstrieren. Daß man sie außerhalb Deutschlands eben deshalb nicht liest, spricht weniger gegen uns, als daß es zeigt, was vom Ausland zu halten ist. Ein deutscher Dichter, der nicht leidet, macht sich verdächtig. Daran führt kein Weg vorbei. Herbst hingegen feiert. Er beruft sich auf Borges – immer interessieren ihn Reaktionäre – und behauptet infam, das Unglück bedürfe einer Umwandlung ins Schöne. Bekanntlich hatte sich der Argentinier auf die Odyssee berufen:

Die Götter wirken Ungemach, damit die künftigen Geschlechter etwas zu singen haben.

Ich kenne diese Stelle nicht, aber es käme Herrn Herbsts Auffassung von Literatur sehr entgegen, hätte Borges sie erfunden und Homer nur unterschoben, um sie seinen Lesern aufzuwerten. Herbst tut so etwas dauernd. Sei es, indem er sich auf angeblich objektive Sachverhalte bezieht, die tatsächlich nie stattfanden, sei's daß er Bücher realexistierender Autoren bespricht, von denen diese gar nichts wissen. Ständig sägt er an den in die Fenster eingelassenen Gitterstäben herum, die Ihre Realitäten vor dem Einbruch der Fiktionen sichern. Seine Behauptung, man habe sich damit selbst ein- und die Wirklichkeit ausgesperrt, ist lächerlich. Reicht es denn nicht, daß es bereits Leute gibt, die an Avatare wie Lara Croft Liebesbriefe schreiben? Da werden Sie nicht mehr lange warten müssen, um die ersten Suizide aufgrund notgedrungenermaßen unerwiderter Sehnsüchte mitzuerleben. Aber anstelle so etwas zu beklagen, anstelle den von den neuen Medien verantworteten Wirklichkeitsverlust anzuprangern, geht Herrn Herbsts Roman damit konform und benutzt sogar *mich*. Ja, er hebt den Unterschied zwischen künstlichen und wirklichen Menschen kurzerhand auf. Er läßt uns aufeinander los. Was aber habe ich, ein Dschinn, mit Ihnen zu schaffen? Freiwillig pflegte ich nicht eines solchen Verkehrs! Meine Damen und Herren, Herrn Herbsts Literatur ist nicht dem Guten verpflichtet. Lara Croft ist fiktiv, der Selbstmord real. Darauf gilt es zu beharren. **Thetis. Anderswelt** auf die Wirklichkeit zu beziehen, wie es, wenn auch in guter Absicht, der Richtspruch Ihrer Jury tut, kann nur Unheil zeitigen. Mögen Sie das Buch als Fantasterei zu Ihrem leichten Gaudi lesen, – über Geschmack läßt sich streiten. Es aber als Sinnbild der Gegenwart aufzuwerten, macht aus dem Modell eine Gleichung und wird auf Erziehung und Gemüt des Staatsbürgers durchaus verderblich wirken. Denn indem Herbst in einem fort die Erzählebenen, ja Konturen der erzählten Personen aneinander verwischt, ganze verschiedene Städte ineinander kopiert und vor allem wirkliche Menschen darin auftreten läßt, die er aber als erfundene behandelt, provoziert er das Mißverständnis der Ähnlichkeit. Nicht einmal vor Geistern wie mir schreckt er zurück. Und zerstört das Klare, die Grenze, das Gesetz und alles sonstige, das einem zivilisierten Leben beruhigend zur Seite steht. So etwas kann man nur verantwortungslos nennen. Dieses zum Ausdruck zu bringen, habe ich mich, als Herr Herbst mich herbefohl, unbedingt verpflichtet gesehen. Daß meine Rede mehr, als Ihnen Dankbarkeit auszudrücken, vor Ihrem Preisträger *warnt*, ist dabei in Kauf zu nehmen.

Ich danke Ihnen für Ihre Aufmerksamkeit.

Inka Bach

Arbeit

Es gibt nichts Schrecklicheres als Arbeit. Was macht sie für ein schlechtes Gewissen den Faulen! Aber die Tatkräftigen stehen ganz im Einverständnis mit sich und der Welt. Sie kommen mit dem ruhigen Gefühl nach Hause, etwas geleistet zu haben, was vielleicht sogar gebraucht wird. Ein schlechtes Gewissen kennen sie nicht. Und mit dieser Gewißheit und Zufriedenheit gehen sie schlafen. Mir gibt schon das Bügeln Befriedigung. Wie zufrieden wäre ich, wenn ich mein ganzes Leben mit so etwas Sinnvollem wie Bügeln füllen könnte! Das Schreiben befriedigt nie; es ist mir nun eigentlich das höchste Glücksgefühl, aber Befriedigung, nein, die nicht. Ich werde euch noch etwas verraten: Wenn das Schreiben zum Bügeln wird, dann wird es miserabel. Ein Hauch, ein Spiel soll es bleiben! Können auch die anderen stolz sein auf ihre Plackerei.

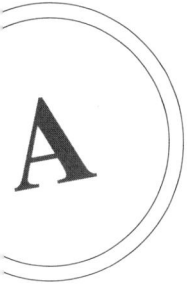

Ursula Krechel

Auslassungen über das Weglassen

Von neuem an die Schamschwelle stoßen. Wie kommen die Wörter ins Gedicht? Und wie verbinden die Wörter im Gedicht sich zu Gebilden, die unauflösbar dieses Gedicht sind? Anderswo wären sie semantisch ungebundene Gesellen, lexikalische Streuner, schwankende Rohre im Wind, dem Augenblick hörig, in dem sie benutzt werden, und dann sind sie wieder losgelassen. Wer ihnen symbolisch eine Mark gibt, den strahlen sie mit einem Blitzlichtblick an, eine Wortverbindung, eine Konvention lang verbindlich. Sie bleiben, wo sie niemand hingerufen hat, und sind kaum mehr zu vertreiben, auch der Autor, der das Gedicht verantwortet, hat schon fast Mitleid mit ihnen, wo sollen sie hin, wenn es kalt wird, also gnädig, herablassend, inflationär milde gestimmt ins Gedicht. Das Gedicht hat keinen Gegenstand, es ist selbst ein Gegenstand, doch einer, der vor den unpoetischen Augen verschwimmt, der sich erst bildet beim genauen Hinsehen, Lesen, Hören. Ein Sich-Ballen, Sich-Zusammenziehen, eine sich sammelnde und wie in einem Magnetfeld ausrichtende Energie, deren Herkunft, deren Wirkmechanismen nur mühsam eruiert werden können. Solange sich niemand für diesen Gegenstand erwärmt, bleibt er starr, abgelöst. Seine fließende Energie, der sich der Autor aussetzt, die er befeuert, der er Einhalt gebietet mit einem stillschweigenden Maßnahmenkatalog, ist rätselhaft. Zufall und Neigung verschränken sich. Und im Korrekturvorgang muß der Autor viele Wörter wieder vertreiben, hinaus aus der Wärmestube, der Autor hat sie nur in einer Aufwallung hineingelassen und ist für ihren weiteren Verbleib nicht verantwortlich. Einer Handvoll Wörter schafft er Platz. Sie können bleiben, doch wird ihnen gleich eine Arbeit angeboten, lebhafte Bewegung, wie auf einer Baustelle, Schwarzarbeit. Wer unter ihnen sich nicht bewegt, wird wieder rausgeschmissen ohne Papiere. So gnadenlos sind das Leben und die Poesie sonst kaum gleichzeitig. Für die Übriggebliebenen, ungesichert, unabgesichert, ist Platz, Arbeit. Schreibend, montierend, kontrollierend schaut der Autor ihnen zu, wie sie sich aneinander reiben, miteinander kämpfen. Dort, wo sie gebraucht werden, stehen sie plötzlich scheinbar ganz richtig, zugleich Zeugen, Arbeiter und Produkte eines Arbeitsprozesses in vielen Schichten unter der nächtlichen Flutlichtanlage.

Die Wörter im Gedicht haben sich ihren Platz nie gesucht. Wenn sie in diesem oder in jenem Gedicht dennoch so wirken, so «hervorragend», so unabgerundet aufgestellt wie beispielsweise das Wort «Nasenpopel» in Gottfried Benns Gedicht «Alaska», verbindlich vertäut, gefesselt in den Zeilen

»Europa dieser Nasenpopel
aus einer Konfirmandennase«

– dann ist etwas geschehen, die Alarmsirene der Semantik schrillt. Ein Wort breitet sich aus, schafft sich Raum, jedoch nicht auf Kosten anderer Wörter. Auch sie sind starke Bedeutungsträger. Es ist nicht unmittelbar der Raum der Zitierfähigkeit, der Rezeptions-Provokation, von dem hier die Rede ist, eher ein Raum der Entfaltung. Eine andere Wortbildung, die in ein Gedicht hineingegangen ist und die nirgendwo anders mehr am Platz wäre, ist Georg Heyms

»Lärm und Menschenschwalle«

in seinem Gedicht Berlin. Der sonderbare Plural springt unmittelbar in die Augen (ist es überhaupt einer?), die lautmalerische Bildung, in der das Aufquellen, Anschwellen, Überschwappen, Krawallmachen der Menschenmenge ingeniös enthalten ist, nicht als Tätigkeit, sondern als Produkt einer Bewegung. Ich möchte solche Wörtersignale die «Spezialisten» in einem Gedicht nennen. Sie haben eine tragende Aufgabe, drängen sich vor, lenken den Text, haben einen imposanten Bedeutungshof. Sie ste-

hen häufig an pointierter Stelle – bei Benn am Anfang des Gedichts, bei Heym am Ende. Mit solchen Signalwörtern zu arbeiten, ist reizvoll und gefährlich zugleich.

Lange Zeit ging ich mit dem Wort «verheert» in meinem Kopf
um: «verhurt, verheert», «eine verhurte, verheerte Welt», doch
immer gab es eine Bremse, ein Unwohlsein, bis mir schlagartig,
ja, solche Schläge gibt es beim Nachdenken, zu Bewußtsein kam:
Ingeborg Bachmann hält dieses Wort besetzt. Ich habe in meinem Gedicht keine Möglichkeit, es zu «zitieren». Das wäre auch
unredlich, wenn ich es wie einen «spontanen» Einfall um- und
umgewendet hätte, ohne Ergebnis, ohne die Fähigkeit, es zu einem Spezialisten zu ernennen, immer bliebe das Wort eine Art
Parasit. In Ingeborg Bachmanns Gedicht «Mein Vogel» ist die
Wendung «verheert» eine Einstimmung in all die harten, beton-
ten, männlichen Vers-Enden. Nichts schwingt aus, nichts kommt
zur Ruhe, nicht einmal die Dämmerung darf ihr schläfrig unbe-
tontes «e» behalten, stakkatisiert sich zur «Dämmrung». Gerade
für deutsche Leser mit ihrem schon klassischen Effizienzquo-
tienten, den sie unbegreiflicherweise gleich mit der Wurzel ziehen wollen, ist diese der Bachmann eigene Rabiatheit höchst
ungewöhnlich. Von den Schweizer Lesern, die das ordentliche,
ruhige Uhrenticken vielleicht in ihren Genen gespeichert haben
auf freudiges Nimmerwiederhören, weiß ich zu wenig, vielleicht
sind es einfach zu wenige; und die möchten das Ticktack, das ihnen in den Schlaf half, wiederhören, und die schrillenden Töne,
Wahrnehmungen, Zeitgenossenschaften perlen von ihnen ab. Der
befremdliche Zürcher Kreativitätswettbewerb auf den Schreibti-
schen von Ingeborg Bachmann und Max Frisch, der eineinhalb
Jahre nach der Veröffentlichung dieses Gedichts begann, unge-
rührt, ungehört, spricht eine eigene Sprache. Das produktive
Paar terrorisierte sich gegenseitig im mechanischen Schreibma-
schinenwettbewerb, indem es die Tasten befeuerte, befeuchtete
wie ein altes Klavier, immer mußte diese föhnige, hochdruckbe-
sessene Schreibbewegung herrschen, die ja nicht unmittelbar
bedeutet: etwas Wunderbares, Unerhörtes entsteht im nahen Ar-
beitszimmer, etwas höchst Individuelles, das die Körper, müde

geschrieben, gedacht, gearbeitet, vermutlich nicht mehr einholen können. Tragödie der beweglichen Schreibmaschinentasten, Tragödie der aufgescheuchten Sinne, geschlagen vom Klopfen der Tasten. Ein freundliches Zeitgefühl kann den Versen nicht solche unerbittlich harten Fanal-Endungen zugedacht haben. Die Verheerungen des Faschismus, des Krieges strahlen fort, die Verheerungen der schutzlosen Ausgesetztheit werden von den «ruhig und stet» blickenden «Augen der Eule» bewacht. Die Uhren ticken, schlagen wässrig, bis der Quarz ihnen die Präzision und die Langweile einschärft. Das Wort «verheert» setzt sich als eine solche Klette fest, produziert die Hoffnung, die die Genugtuung haben möchte, wenigstens im Bachmannschen österreichischen Deutsch gingen die Uhren langsamer, schmiegsamer, wären die historischen Zeiger biegsamer –, dies ist eine arge, lebensgeschichtlich einschneidende Konsequenz, die historisch während der vielfältigen politischen Fältungen, Faltenwürfe und Kniefälle nicht so stark empfunden wurde. Konfrontationskurs eines Gedichts. Diese unerbittliche, selbstverletzende Härte verstört – und das ist das eigentlich großartig Verheerende in der Symbolwelt des Gedichts »Mein Vogel«.

»Was auch geschieht: die verheerte Welt
sinkt in die Dämmrung zurück,
einen Schlaftrunk halten ihr die Wälder bereit,
und vom Turm, den der Wächter verließ,
blicken ruhig und stet die Augen der Eule herab.«

Um nicht mißverständlich zu sein: Ich meine nicht, daß solche «Spezialisten» nicht in einer Traditionslinie wirken könnten, daß sie nicht weitergegeben und –erforscht werden müßten. Ganz im Gegenteil. Dann aber als ein Zitat, als ein Durchschimmern ihrer Herkunft und ihrer möglichen Zukunft in einem noch nicht geschriebenen, nicht von diesem Autor zu schreibenden Gedicht. Aufgesteilt, um andere Wörter zu übertrumpfen an Einzigartigkeit, an Gefundensein, nicht Erfindungslust, sind diese «Spezialisten» gefährliche und das Ganze eines

Textes gefährdende Gratwanderer. Keine Streuner, sondern Okkupanten, die nie wieder das Terrain zu verlassen scheinen. Besser: der Autor studiert ihr Umfeld, ihre Gewohnheiten, ihre Eigenarten, als daß er sich ihnen willig ergibt und zuungunsten anderer möglicher Wörter mit ihnen kollaboriert. Haben sie sich festgesetzt, dann heißt es mit ihnen arbeiten, an der Verstörung arbeiten, die sie voraussehbar erzeugen. Ein einziges Wort, eine Wendung kann der Nucleus zu einem Gedicht sein, er kann aber auch wie eine zähe Masse den Stollen zu einem im Entstehen begriffenen Gedicht verstopfen. Viele Wörter, Begriffe, Endungen kann ich nicht benutzen, sei es, daß ihre Konnotation mir unbrauchbar erscheint, daß sie besetzt sind mit einem bestimmten Bedeutungshof, manchmal stört nur (nur!) eine Silbe, eine Betonung; der Vokal zu hell, zu dunkel, dies gilt für Wortfindungen und für Vorgefundenes im gleichen Maße.

Ein Beispiel: Auf der Rückfahrt von einer Lesung verfolgte mich die Wendung «Briefmarkenzüchter und Gedichterzeuger». Etwas lachte in mir böse auf. Der Hieb saß. Aber wen traf er? Die Wendung verfolgte mich den halben Mittelrhein entlang von Bonn über Bad Godesberg über Rolandseck bis zu den dem trägen Wasser zugewandten, verschlafenen Hotels von Assmannshausen auf der anderen Seite des Flusses. Weg, weg, verscheuchte ich die Wendung, sie war mir zu polemisch, zu keck (zu unpoetisch?), und gleichzeitig war ich – wie bei den Wörtern, die sich im Traum mit großer Beharrlichkeit festsetzen – erbittert über ihre Hartnäckigkeit. Auch Ohrwürmer kriechen in das musikalische Gedächtnis hinein, unabhängig von der Qualität ihrer Tonfolge. Ich haderte schon: Nie werde ich diese Wendung in ein Gedicht lassen, ich mache die Schotten dicht. Und war in Mainz ganz erschöpft von der inneren Gewalt, mit der ich mich gegen einen dummen Einfall hatte wehren müssen. Dummer Einfall! Im Nu ist die Ebene der Textualität verlassen – entgegen meinem Schreibvorsatz. In einem anderen Kontext, einem, den ich nicht anstrebe, könnte meine abgewehrte, verbannte Wendung vielleicht reizvoll sein. Ich kenne diesen Kontext nicht, kann ihn schreibend nicht herstellen.

Das Schreiben von Gedichten ist ein steter Produktionsprozeß; doch ebenso sehr bin ich an dem dauernden Scheidevorgang interessiert. An jedem Zeilenrand verzweigen sich die Möglichkeiten ins Unendliche, ein dauerndes, doch kein bedauerndes Weglassen. Die Potentialität wird auf das Maß der Realität eines einzelnen Textes reduziert. Was in das Gedicht hineinkommt, läßt sich ex negativo lesen: Was aus den unzähligen lexikalischen Möglichkeiten, die die Wörterbücher auflisten, gelangt nicht ins Gedicht? Die eigene Sprache ist ein Kosmos, Dialektalisches erweitert und irritiert ihn. T.S. Eliot und Ezra Pound haben gezeigt, wie die Ränder der eigenen Sprache an fremdsprachlichen Einsprengseln diffundieren. Neben die sogenannten Spezialisten im Gedicht treten die Springer, die Damen, die Bleichhansel, die Wasserträger, die Graumäusigen, ja auch ungeliebte Wörter sind im Gedicht, Reizmittel, Fundstücke aus dem großen Schmutztitel der Gegenwart und Weithergeholtes aus verblüffenden Sprachwelten. Wenn bei der Druckgraphik manchmal vom »schmutzigen Daumen« des Radierers gesprochen wird, so bin ich geradezu am Einbau, Umbau einer winzigen Unregelmäßigkeit, die Staunen macht, interessiert; sie rückt für mich das Aufblitzen von Schönheit, von etwas Gelungenem, näher, gibt ihm schärfere Konturen. Was ausgeschlossen bleibt in einem Gedicht, das können und müssen auch vielfältige formale Eigenschaften sein: bestimmte Versmaße, Reimschemata, manchmal nur im Mimikry entfernt benutzt oder heranzitiert aus der vagen Erinnerung, Homophonien, bestimmte Vokale, Rhythmisierungen, Betonungen. Von welchen lyrischen Traditionen grenzt sich das Gedicht ab? Innovationen sind häufig Reduktionen: Kampf dem Ornament, den melodisch empfundenen Tonschritten, den als zu belanglos empfundenen Seh- und Hörgewohnheiten, die allzu leicht zu bedienen sind.

Scham über eine gefundene Notiz. Scham vor dem Wegwerfen einer Notiz. Als könnte sie gefunden werden hinter meinem Rücken, der sie nicht deckt, als müßte sie dann für sich selbst sprechen, was ich ihr abspreche. Ich bevormunde die Notiz, deren Weiterleben von mir abhängt, an einem seidenen Faden hängt, zwischen dem Papierkorb neben meinem rechten Bein und meiner rechten Hand ein spinnwebfeiner Faden, Altweiberzeit. Fadenspinnen und Fadenzerreißen. Die Notiz spricht nicht. Sie liegt flach vor mir auf dem Tisch. Was will sie von mir, die ich sie beinahe schon vernichtet hätte? Ich muß hinter ihr stehen und sie aufrichten. Doch sie ist da, mit ungefälliger Beharrlichkeit. Gefunden und nicht gesucht. Sie verlangt von mir, nicht vernichtet zu werden, bettelt um Gnade, noch einmal besehen, bearbeitet, behaucht zu werden. Also spreche ich noch für sie, indem ich über sie urteile. Also ist sie nicht losgelassen. Noch das Verdorbene regiert die Wahrnehmung, bis sie sich frei gemacht für einen neuen Entwurf. Innere Verwerfungslinien, die in einer glückhaften Produktion sich selbst immer wieder verwerfen, so daß der Fehler, die fehlgelaufene Erregung, die sie zustande gebracht hat, von selbst weggefaltet wird. Geologie eines Produktionsprozesses, während das Publikum ein Freund von hochaufragenden Gipfelpanoramen ist. Wäre die Notiz ihrer Sprache sicher, wäre ich einmal ihrer Sprache sicher gewesen, wäre aus der Notiz ein Gedicht geworden, hätte ich sie zum Gedicht erklärt, aber ich habe sie beiseite gelegt. Es lag mir nichts daran. An einem Gedicht hätte mir gelegen. Ich hätte gewollt, daß es gelesen wird. Wenn ich das Scheitern an einer Notiz, die liebe Not zu beschreiben suche, dann weil dieser Scheidungsprozeß zwar nicht das Schreiben konstituiert, doch auf unnachgiebige Weise mit ihm verzahnt ist.

»Ich möchte längst gestorben sein
beim Wein beim Wein beim Wein
zu meinem Begräbnis lad ich ein
ihr wärt danach so schön allein
beim Wein beim Wein beim Wein
ich möcht so gern gestorben sein
beim Wein beim Wein beim Wein«

Keine Eintragung, keine Selbstdokumentation sagt mir, wann die Notiz entstanden ist. Sie könnte ihrer Verfaßtheit nach in den Umkreis des Bandes «Kakaoblau» (1989) gehören. Doch die heitere Gestimmtheit dieser Gedichte für Erwachsene, das Bauprinzip des Zyklus, in dem Unvereinbares aufeinandertrifft und in der Sprache koaliert, kopuliert, schied möglicherweise diesen Entwurf aus, der sich in die Ordnung der schrägen Dinggedichte nicht fügte. Ist es überhaupt ein Entwurf? Das serielle Prinzip, der unregelmäßig, doch wie ein Refrain eingesetzte Vers «beim Wein beim Wein beim Wein», das einfache, eingängige Reimwort, das unendliche Paarungen bilden könnte, – all dies läßt die Konstruktion eines geschlossenen, doch beweglichen Systems vermuten, eines Systems, das mir in der Bearbeitung keinen Raum mehr läßt. Ich könnte auch sagen, das Notat schließt mich aus, stößt mich nicht nur als Trägerin eines bestimmten Autorennamens, als Konstrukteurin, als Tätige aus. Mit anderen Worten: die Zeilen brauchen mich nicht. Schreibend, nachdenkend brauche ich es aber, gebraucht zu werden von einer Wörterzusammenballung, einer Energie, brauche es, mich einem sprachlichen Magnetfeld auszusetzen. Vielleicht ist die Prämisse, tätig werden zu wollen, bereits falsch. Das Notat eröffnet keinen Raum ästhetischer Arbeit. Hier hat sich etwas beruhigt, ohne daß die vorangegangene Erregung wahrnehmbar geworden ist.

Die 1. Person Singular, diese Maske des Singulären, ist, wenn sie nicht quasi naiv, «authentisch» verwendet wird, im Gedicht eine schwierige Voraussetzung. Die quallige und am Ende des 20. Jahrhunderts einigermaßen unredliche Floskel vom lyrischen Ich taugt zum Versteckspiel, jedoch nicht zu einer rhetorischen Figur, die Distanz und Nähe gleichzeitig umfaßt. Die 1. Person Singular verlangt nach Distanzierungen, die dazu dienen, das Autoren-Ich aus der Schußlinie des identifizierungssüchtigen Lesers zu ziehen. Rollen, Orte, situative Einlassungen, von denen aus gesprochen werden kann. Rollen-Poesie: ein mißlicher Begriff für eine mißliche Sache, die gleichzeitig überbordend großartig sein kann (s. Goethe: Wanderers Nachtlied; Günderrode: Der Nil; Jesse Thor: Der erste Brief des Bedienten Abu, Trinkspruch). Wer spricht:

»Ich möchte längst gestorben sein«

In Sicht ist keine rhetorische Figur, die dieses «Ich» trägt und auf die schwere Schulter nehmen kann. Zweifellos, das Notat handelt von den letzten und vorletzten Dingen, dem Tod, der Feier des Todes, dem Blick zurück, dem Refrain der Nichtwiederkehr. Es macht sich leicht, liedhaft leicht, aber das Leichte und das Schwere kommen nicht zueinander, zeilenbrüchig, wortbrüchig stehen die Elemente nebeneinander; so habe ich mit ihnen nichts zu schaffen. Im Weglassen ist auch eine Erleichterung inbegriffen. Meine Besorgnis, wie wird ein Gedicht zu einem eigenen, eigenständigen Gedicht, hat im Zeitalter, in dem das Verschwinden des Autors sowohl als Geste der Selbstinszenierung als auch als eine multiple, changierende Textqualität wahrzunehmen ist, noch einen anderen Valeur. Auf was immer sich ein Text bezieht, welche methodischen Voraussetzungen er hat, das einzelne Gedicht ist präsent, muß verantwortet, autorisiert werden mit einem bestimmten Autorennamen. Aber ich, die Autorin, habe eine Fülle anderer Texte in mir, Echos, die die Liebe zu bestimmten Gedichten zurückwirft, vergrabene Stellen, abgesunkenes Lesegut, Kinderreime, dramatische Balladenschlüsse, Bibelverse, Dialogfetzen aus einem gestern gesehenen Film. Sie sind da, verstopfen die Schreibporen, doch keine kosmetische Behandlung tilgt sie aus dem Gedächtnis. Die cleane Oberfläche, ozongerötet, Spurenlosigkeit nur vortäuschend, ist eine Illusion. Das weiße Blatt, dieses schöne Bild für alle Schreibenergie, ist nicht weiß. Die Erwartungen, die an die Autorschaft gerichtet sind, fremde, projizierte und eigene Ansprüche, werfen, bevor eine Zeile geschrieben worden ist, ihren langen Schatten. Das Geschriebene schaut die Schreibenden an, und sie schauen zurück in einem langen Blick, so lang, daß er manchmal schwindeln macht. Gedichte, die jemand intensiv liest, liebt, werden nahezu zu eigenen. Doch die Distanz, in die der methodische Intellekt sie wieder rücken muß, ist schwierig nachzuvollziehen. Ich möchte den Zustand, aus dem ein Gedicht entsteht, nicht lebensgeschichtlich beschreiben, eher als eine explosive Spannung, einen oft schmerzhaften, aufgeregten, aufgelösten Zustand, eine ziellose Erregung, die erst in einem Zeilenfall, einem dünnen Wortfaden, an dem ich mich entlang hangele, seine Zielgerichtetheit findet. Nein, auch Zielgerichtetheit ist es nicht, eher ein Sich-Neigen, Wenden, die geballte Energie gerät in Fluß, mit der Fließgeschwindigkeit wächst die Aufmerksamkeit: Was geschieht da unter meinen Händen, muß reguliert werden, umgeleitet werden, mit anderen Notaten verknüpft werden? Ich befinde mich in einem Labor, in vollkommener Nüchternheit beobachte ich die Massen, die aufeinandertreffen, ihr Reagieren, Sich-Abstoßen, die Wahlverwandtschaften. Das Thema des Versuchs ergibt sich aus früheren Versuchen, das methodische Vorgehen aus einer Vorstellung wie: Es scheint, daß dieses Textmaterial zu einer Elegie drängt. Oder: Zwar ist mir die Tradition des Naturgedichts fremd, doch der Name eines Vogels (ein »Spezialist«) zieht andere Bedeutungsträger aus dem Wald nach sich. Oder: Der imperative Gestus eines Hinweisschildes auf einem Parkplatz geht mir nicht mehr aus dem Kopf. Die methodische Aufgabe hieße: Wie kollidiert ein Befehlston mit einem wünschenswerten Konjunktiv? Die semantischen Aufgabenstellungen ergeben sich allerdings nicht immer zuerst. Die formalen zu benennen, scheint mir viel schwieriger zu sein. Die Laborsituation fordert, viele ungleichartige Indices gleichzeitig zu beobachten, die Versuche laufen in unterschiedlichen Geschwindigkeiten ab. Rhythmisierungen des Textes, Betonungskatarakte wollen die Beobachterposition wegreißen. Die Gewißheit, hier eine Lösung gefunden zu haben, wird schmerzhaft in Frage gestellt von einer Unsicherheit dort. Doch bin ich schreibend, ausprobierend, laborierend Teil des Experiments, wie das Gedicht Subjekt und Objekt des Arbeitsprozesses ist. Nervosität, Unachtsamkeiten, Störungen verderben mir das Material; ein Glas zerspringt, meine Wörtertabellen sind unnütz geworden, ein Enjambement, in das ich mich verliebt hatte, hinkt plötzlich mit einem Bein. Erschöpfung, Erbitterung gegen das spröde Material, Materialverschleiß durch zu langes Arbeiten; ich sehe nicht mehr genau, was ich tue. Die Hochgemutheit stürzt plötzlich, die Teetasse fällt aus der Hand, ich empfinde Langeweile und Überdruß bei einem Experiment – das ist das Schlimmste – und breche es augenblicklich ab. Daß ich die metaphorische Arbeit an Gedichten nur in Form von Metaphern (Baustelle, Labor) beschreiben kann, ist ein Paradox, das in die Hand des Lesers gelegt werden muß.

Die unverwechselbare Stimme! Wiedererkennbarkeit der Autorschaft! All das, was das Publikum wünscht, erscheint in meinem Zusammenhang als etwas synthetisch Herstellbares, Hergestelltes. Jedenfalls als etwas, das im Bewußtsein aufgehoben ist. Aber die Klangassoziationen, die Binnenreime, die Verrückungen! Kein Autor gibt sich dem Zufall anheim, obwohl der Zufall ihm in die Hand spielt. Kein Text ähnelt nur entfernt dem, den herzustellen wünschenswert erschienen ist.

Ulrike Draesner

Tagebuch

7. Juli 2000

Las Kleist, *Das Erdbeben von Chili*, zum einen, weil es dazu einen Sammelband mit verschiedenen Theorieansätzen gibt und mir das bei der Vorbereitung für das Lehrerseminar hilft, zum anderen weil Kleist großartig schreibt. Kraftvoll, zupackend, konzis. Voller *action*, wenn man so möchte, aber immer mehrgründig. *Das Erdbeben* scheint um alles mögliche zu gehen, Sex, Religion, Gnade, Schicksal, Paradies (unter den Granatäpfelbäumen), Staatstheorien, Verbrechen, Masse und Mob. Ich denke aber, dass die heimliche Hauptfigur das Kind der beiden Js ist und das Ganze eine Zeugungsphantasie für einen Mann: wie er zu einem Kind kommt ohne Frau, und zugleich, infamer Kleist, durch eine gescheiterte Heldentat. Das natürlich gezeugte Kind wird verloren, das »fremde« gewonnen. Überzeugend, wie wenig Platz Kleist dafür braucht, wie Wiederholungen zueinanderstehen, zum Beispiel im letzten Abschnitt des Textes, wie Kommata, ein ‚wohl' oder ‚wenn/falls' eingesetzt werden. Prosa besteht aus dem Kneten der Syntax, ihren Tempi und Folgen. Als bräuchten die Figuren den Platz im Satz, um selbst plastisch zu werden. Andersherum gesagt: was bedeuten Stakkatosätze, was bedeutet *modern speak*, etwa à la Streeruwitz. Anders gesagt: wie sieht die Schwingungsweite des Deutschen aus und wie verändert sie sich? Wie hieß es bei Hopkins, Ingrid Fichtner faxte es:

Der Grund, warum das Sonett in England nie so große Wirkung getan oder so großen Erfolg gehabt hat wie in Italien, ist wohl der, dass das Englische nicht so lang ist wie das Italienische; es ist einfach nicht lang genug. ... Für die Form eines jeden Kunstwerkes sind nämlich die inneren Maßverhältnisse, die Proportionen der Teile untereinander und zum Ganzen, zweifellos das Wesentlichste; aber auch die äußeren Maße, die absolute Größe oder Quantität spielt eine gewisse Rolle .... Da man nun das italienische Sonett als eine der gelungensten von allen Kompositionsformen ansehen kann, so müssen wohl seine inneren wie äußeren Proportionen beinahe vollkommen sein. Das englische Sonett hat die gleichen inneren Proportionen, 14 Zeilen, jede Zeile zu 5 Versfüßen, und auch die Reime können angeordnet sein wie bei den strengsten italienischen Formen. Aber trotz allem ist es erheblich kürzer und wird deshalb immer als eine weniger glückliche Form erscheinen, nicht weil ihm die relative, sondern weil ihm die absolute Länge fehlt.   21.58-22.12

8. Juli 2000

Denke nach über *Lück*: es gibt viel »Material«, die Figuren sind alle da. Aber wie baue ich jetzt den Text auf? Er hatte ein Thema, den Konflikt zwischen den beiden Schwestern, aber bei meinen langen Wegen zu diesen Prosatexten, bei meinem Anfangsschreiben bewußt ohne Konzept im Vertrauen und Abenteuer darauf, was kommt, hat sich der Text seit seinem Beginn vor mehr als drei Jahren so sehr gedreht. Und das Thema, das sich herausgewühlt hat? Suche es, muß noch einmal anfangen. Brauche dazu aber den Magneten, oder den Südpol dieses Textes, um alle Teilchen darauf ausrichten zu können. Einen Südpol ja, und heiß stelle ich ihn mir außerdem vor – es ist immer zu heiß für die Figuren von *Lück*.

Ging noch zur love parade, langweilig, das Wetter trüb, immerhin einige Fotos gemacht, unterm Brandenburger Tor wuselten die Federboa-Nackten, diese Jahr die Boas um die Füße hoch zu den Knien, am besten knallgrün, ansonsten BVG-Uniformen. Orange und zerschnitten, orange und unzerschnitten, wie sagte Wolfgang Pauser bereits vor Jahren: die love parade ist Fernsehen, nur umgekehrt, du gehst raus dafür und dann ziehen die Wägen an dir vorbei, wie du es aus dem Fernsehen kennst, und das Schöne ist, dass es Fernsehen ist. Je nackter die Leute auf den Wägen sind, umso angezogener sehen sie aus, das ist natürlich Kalkül, die Tattoos gehören exakt dazu. Abends dann mit dem Fahrrad durch die windige Stadt zurückgefahren, durch die kühle, die graue, die zuckende, die bunte, die lautleise Stadt, über den knirschenden Müll.   23.14-23.21

9. Juli 2000

Nur ein paar Stunden geschlafen, Schreibanspannung, aber dann nicht gut arbeiten können. Plötzlich Sonne, diffuses Essen, verwickelt umwickelt sein mit Gedanken im/aus dem Text, kürzen, beschleunigen, die Klugheit der Figuren erkennen, ihren Pepp, ihre Bewegung, Pläne, Wünsche, Durchkreuzungen – und wie sich das aufbaut, um jeden von ihnen herum; wie es dann zusammenkommt, sie sich kreuzen, steigern, verhindern.

                                                                    21.20-21.23

10. Juli 2000

Mit dem ICE morgens nach München, Horst Konietzny, der das SMS-Projekt entworfen und realisiert hatte, holte mich am Zug ab. Wir liefen etwas in der Bahnhofsgegend herum, es regnete, landeten schließlich in einem Café. Sprachen über die Umsetzung von Sprache, auch Literatur, in den öffentlichen Raum, über ungewöhnliche Formen der Inszenierung, natürlich auch über die Erfahrung, jeden Tag über zwei Wochen hinweg eine bestimmte Stunde lang SMS von unbekannten Leuten zu bekommen und beantworten zu müssen. Hatte Horst sich da selbst auch manchmal eingeschmuggelt? – na klar: interessant sind immer die Nebenmöglichkeiten, die verdeckten Identitäten – und die »neuen Techniken« scheinen alle auf die gleichen Ideen zu bringen in dieser Hinsicht. Denke über einen Essay nach zur mail als Mischform zwischen Brief und Telefon (die mails: schneller und privater als der Brief, ohne menschliche Zwischenstationen, kommen in der privaten Maschine, im Computer, in der Extension des eigenen Kopfraumes an). Im Vergleich zum Telefon hingegen sind sie abstrakter, die Stimme fehlt, kann einen auch nicht verraten, keine Gleichzeitigkeit, größerer Schutz. Die Mail läßt mehr Freiraum, ist anonymer, unverbindlicher; gerade deswegen kommt man darin so schnell zu Doppelklängen in der

Sprache, zu einer unglaublichen Aufladung der Wörter allemal, oft zum Sex. Es ist ja, als lange der andere mit seinem (Buchstaben-)Finger mich da aus meinem Raum heraus direkt an. Dass er fremd ist, dass er (scheinbar) keine Spur hinterlässt, macht den besonderen Reiz aus. Ich habe freie Bahn, mich an ihm aufzuladen.

Mit Silvia Bauer, die ich im Stadtcafé traf, darüber weiterdiskutiert. Sie kam in einer Art grauem Trainingsanzug, hellgrüngelbe, diffus leuchtende, schlangig bedruckte supermoderne Stiefel, die unter der Trainingshose hervorlugten, Goldstaub auf den Lidern, der auf die Wangen gefallen war, da auch hinsollte, Grenzen verwischte. Als ich schließlich nach Planegg kam, schliefen alle bereits, das Haus ist inzwischen ganz von Blauregen umwachsen, er faßt überall hin.   23.17-23.24

11. Juli 2000

Regnete die ganze Nacht hindurch, ich wachte oft auf, denn Alexander schlief bei mir im Zimmer, was für ein Krach. Er drehte sich dauernd im Bett, gerade so als müsse jedes Kind nachts den Minutenzeiger einer geheimen Uhr spielen. Einmal wachte er sogar schreiend auf, heiß und verweint; morgens gegen 6 fing er an zu sprechen, irgendetwas mit ein Baby bekommen. Wo regnet es bloß diese kleinen Menschen her?, was treibt so einen Vierjährigen um? was weiß er, was ich lange schon vergessen habe, was wichtig ist?

Beim Gang durch München dann das übliche Berlinstaunen: wie niedrig die Häuser sind, wie nah alles zusammenliegt, wie sehr die Straßen und Häuser die Bewegungen vorgeben, die einem in den Sinn kommen oder für groß gehalten werden. Traf mich mit Sophie Zeitz und Ulrike Ostermeyer von dtv, die dort die west-östliche Diven-Anthologie herausgeben. Gefiel mir, weil der Titel so ironisch ist, saß danach im Café an der Münchner Freiheit, las in Hilbigs Provisorium, ein schöner Sturz am Anfang, im Duktus sehr reflexiv, erstaunlich, wie er damit/dennoch die Spannung hält. Im Hinterkopf *Lück,* was ich damit tun werde, wie andere Schichten einziehen, Böden, Farben, Stürme,

Kommentare: das Seil fest spannen und zugleich die Figuren und ihre Bewegungen darum schwingen lassen. Aß Kirschkuchen, trank grünen Tee, es gab sogar etwas Sonne, war aber kalt, am Nebentisch eine Frau, älter, russischer Akzent, die einen Mann küßte, älter, danach lachte, und er sagte: dass du dann immer lachen mußt! Überall klingelten Handys, viel bayrisch rundum, viele überflüssige Läden und rausgestorbene Menschen.

23.42-23.47

12. Juli 2000

Achatswies/Lehrerseminar, alle ganz freundlich, aber welche schiebende Arbeit, die Leute zum Hören zu bringen. Die Berge rundum, die Kühe, die Fremdheiten, das Reden, Zeigen auf Fernes, Jugendherbergsstimmung, Kälte und die Heizung auf vier drehen, Mitte Juli: Kinders, geht die Wollsachen suchen! Sprach mit Christiana über *Lück*, sie kennt 20 Seiten vom alten Anfang. Mir ist unklar, wie ich weitermachen soll/kann, bedrückt deswegen. Am Abend noch Lesung in München, Lyrikkabinett im Literaturhaus, Matthias Politycki, Dagmar Leupold, Fritz Ani und Ostermeier natürlich, wie immer in München. Kam gut, ich las neue Gedichte, im Frühjahr sollen sie nun bei Luchterhand erscheinen; fühlte mich wohl. Auf der »Piazza« hinter dem Literaturhaus hing von einem langen Baggerkran ein knallgrüner großer Plastikreifen mit etwa 30 Sitzen, eine sich langsam drehende Schaukel – da sitzt man im Kreis, wäre ideal, mal in so etwas zu lesen, zu sprechen, um einen runden unsichtbaren Tisch.

0.14-0.21

13. Juli 2000

Rückfahrt nach Berlin, schlief im Zug erst einmal drei Stunden, es war sehr leer, die Landschaft sehr naß, zwischen Braunschweig und Spandau standen wir eine halbe Stunde ein Vogel hatte einen Kurzschluß verursacht das Wasser in der Toilette roch rostig nach Strom war Strom war Vogel stand und floß lakkierte die Hände und was war die Zeit? Standen in einem halben Juli, die Pflanzen, die Wolken, las Hilbig zu Ende: Taumeln Torkeln (und Korkeln) zwischen dem einen und anderen Staat, Zustand und der einen oder anderen Frau.

In Berlin wie immer: schnell ein Brot abgreifen am Zoo, Geschiebe, alle Züge der BVG irgendwie in Umbau, Stapel Post und noch mehr mails, auspacken und dann die übliche Leere nach Veranstaltungen, Absinken der Spannung und plötzlich das innere Programm umstellen: es gibt eine nächste Woche und sie steht schon da, Namen eintragen, Adressen sammeln, koordinieren, nachdenken, Hunger haben, mal wieder was aus der Gefriertruhe auftauen, dazu Tori Amos hören, die Bauchmuskeln spielen lassen, die Gedanken suchen, den eigenen Körper.

Als Nachklapp zu Hilbig: warum man seine Herztentakel eigentlich so schwer nur von jemandem (manchmal auch etwas) abziehen kann. Ist auf etwas oder jemanden Zielen immer nur in einem Umweg möglich?, oder ist es, dass man von Liebe so blöde wird und nackt dasteht mit dem Hundeblick und dem Zerfallen allen Widerstandes und der Körper läuft über über, ist es das, was den anderen verjagt abstößt diese Anhänglichkeit Selbstaufgabebereitschaft Unbedingtheit, na, falsch gefragt, ist es diese Simulation Stimulation dieses Theater im Selbst? Meine merkwürdige Erinnerung, wie ich als kleines Kind, sehr kleines Kind, im Wohnzimmer in Berg am Laim über den Boden lief und noch jetzt in meinem Körper die Bewegung DIESES Laufens spüre und wie ich damals dachte: das bin (jetzt) (also) ich – und alles davor und danach im Dunkel versinkt. 21.31-21.47

14. Juli 2000

Frühstücken im Sowohlalsauch 1 Croissant mit Johannisbeermarmelade 1 kurzer Regen 1 Einkaufen gehen im Kaufhof Druckerpatronen 148,90 DM 1 mal die Kreditkarte zücken 1mal auf die Straßenbahn warten 1mal Pakete abholen 1 auspacken 1mal Mails ansehen schreiben Post öffnen umschlagen lesen 1 mal neueste Nachrichten von der Genetik«front« 1mal Denken 1mal die beiden Gedichte fürs Divenbuch abschicken 1 abfallendes Blatt 1 vertrocknender Baum was für 1 Juli 1 Dunkelheit um 21.00 1 allein in Wohnung und so viele 1sen in diesem Text dass er also absolut fälschungssicher – gefälschte Texte, hat man jetzt herausgefunden, vor allem gefälschte Steuermeldungen, kann man dadurch erkennen, dass man die Zahlenverteilung prüft, weil unsinnigerweise, nämlich auch für Mathematiker völlig unerklärlicherweise bei ungefälschten Zahlenreihen die 1 am häufigsten am Anfang vorkommt und die 9 am seltensten, auf der sicheren Seite also, wer viele 1sen oder 2er an den Anfang seiner Fälschungen stellt, ja, sehen Sie sich die Daten dieser Tagebucheinträge nur an – 1mal Beate anrufen 1mal Alexander stumm am Telefon 1 wilde Rechtschreibung in den mails 1 zuviel essen 1 müde Knochen 1 auspacken oder hatten wir das schon 1 Termine denken und vergessen 1 Foto scannen 1 sehen und 1mal leben.

20.57-21.03

15. Juli 2000

Eben zurück von der Lyriknacht auf dem Potsdamer Platz, der alles schluckte, zuviel Beton, und auch hier: die Letzten (Zuschauer und Dichter) bissen die Hunde. Saukalt noch dazu, Matthias, der mit mir kam, lief in Mantel und Schal herum, wollte den Klitschko-Kampf sehen, irgendwann gegen 23.00, also sausten wir hin und her, da eine Bar, dort die Lesebox. Klitschko gegen x ging mittelschnell, natürlich Klitschko-Sieg durch k.o. – so schnell schau ich gar nicht, wie das passiert – ein blutig geschlagenes Gesicht Auge tropfendes Blut auf der Matte, während Rühm las, fast rührend mit seinen Synchrongedichten, Urformen des Rap, Harmlosigkeiten, der Geruch davon. Die anderen perfekte Performer, darauf kommt es an in der World Poetry Ligue. Ben Okri aber schoß den Vogel ab, was für ein Predigen, Psalmodieren und die Massen in Berlin Bekehren, aufstehen sollten wir, stürmen, jubeln, für ihn. Natürlich überzog er auch seine Zeit, stand da im Seidenschal, sah hübsch aus und las kein einziges Gedicht.

03.28-03.36

16. Juli 2000

dass es mir endlich klar geworden ist, Anitas Körper, dass ich gar nicht mehr weiß, wie es eigentlich kam, aber jetzt ist es da: dass sie als Hermaphrodit auf die Welt kam, also zumindest mit einer Geschlechtsuneindeutigkeit, dass ich also heute am Computer saß und versuchte, einen Artikel dazu zu finden, den ich vor Jahren las, dass ich stundenlang surfte auf der Suche nach Hermaphroditen, Intersex, Androgynen, dass ich von einer Frau geträumt hatte, die zwei verschiedene Augen hatte, eine strahlend gelbe und eine orange Iris, dass mir aufgeht, wie die einzelnen Romanteile über das Thema Sexualität zusammenhängen, dass die auf dem Bildschirm zu sehenden Hermaphroditen ein merkwürdiges Gefühl hinterlassen in meinem Körper: dass ich sie anziehend finde, manche sehr attraktiv, aufgeladen mit Eros oder zumindest Sexualität, dass mir nach einer halben Stunde aber wirklich davon schwindelte, ich mich verwirrt fühlte, weil etwas so »Selbstverständliches« wie die Geschlechterteilung massiv in Frage gestellt wird, dass es diese flackernden schwierigen Kontakte gibt, eine innere Verbindung zwischen Anita und ihrer Schwester in *Lück*, die manchmal erlischt, dass ich experimentiere, taste, dass ich am Ende eine sehr schöne Frau auf einer Pornoseite fand: in Maya-Haltung lag sie auf einem mit einem grobem Tuch überworfenen Sofa, sie trug ein schwarzes, ärmelloses T-Shirt, eine Hand stützte den Kopf, kurze Haare, die vorn wuschelig nach oben standen, die Haut des feinen Gesichtes schimmerte in dem von schräg vorn einfallenden Licht, daß sie lächelte, entspannt wirkte, natürlich und absolut weiblich, dass sie keinen Slip trug, die Beine geschlossen hatte, ihr Penis halberigiert auf ihrem unteren Oberschenkel lag, die Spitze hell aus den dunklen Schamhaaren hervorsah, dass sie schön war, souverän.   22.29- 22.37

17. Juli 2000

Arbeitstag Regentag schwüler Tag, mit Michael Donhauser im Café, nicht richtig bei der Sache, Regentag Fahrradtag Arbeitstag an *Lück*: Umbau, eine Baustelle, sagte ich zu Michael, und wie wird das Haus? Noch offen, es biegt sich hierhin, dorthin. Anruf von Bertelsmannstiftung, sie planen ein Genetiksymposion im Herbst, baten um ein Exposé, also dachte ich über Genetik und

Literatur nach. Das Gen als Metapher, oder auch die Metapher als Gen eines Textes? Der alte Traum: was man aus Schrift macht, wird lebendig. Aber was kann/wird das heißen? Und was bedeutet es für die Fiktionalität der Literatur: wird es eines Tages ihr großes Privileg sein, nur »fiktiv« zu sein, also etwas schreiben zu können, was eben nicht in Fleisch und Blut lebendig werden muß? Hendrik getroffen im Malzcafé neben der Kulturbrauerei, Hunde mit Maulkörben jetzt, und im Café versteckte Kameras, die Bilder des Restaurants in die Toiletten übertragen, während man in den Spiegel schaut und sich schminkt. Entdeckte es erst heute. Es ist merkwürdig, weil es etwas illustriert, was man doch weiß: dass der Raum dort oben weitergeht, während man hier unten ist. Da kann man dann den eigenen leeren Platz anschauen (das ist die philosophische Seite) oder ob er eine anbaggert, während man weg ist (die praktische Seite.)   21.04-21.09

18. Juli 2000
nichts nichts nichts arbeit einen kuchen backen regen nichts arbeit sherry regen gibt es wiederholungen oder gibt es sie nicht?
                                                  18.48-18.50

19. Juli 2000
Ras, Süße, zur Post, ras zum Biobäcker, ras in den Sport, ras im Sport mit 155 Widerstand am Ende auf dem Rad, loveparadisierte nennt uns eine Zeitung heute, fehlt nur ein ‚e' in diesem Wort, loveparadisierte – aber es fehlt. Der kleine alte Mann von gegenüber am Eingang zu Kaiser's, wie er so an einem Tischchen lehnte und herübernickte so freundlich beflissen und ein biß-

chen schmutzig war und zum Erbarmen und eine Rabatte Toma-
ten Gertrude Stein *The First Reader* ein paar Seiten probeüber-
setzt ob ich das machen will, für Ritter. Neben der Sonne, ihren
Flecken im Zimmer, den knisternden Insekten in der Lampe (und
morgen fliegen sie wieder hinein) die Frage: was »gute« Literatur ist, was nicht, und vor allem warum?   23.58-00.02

20. Juli 2000

Neunzehnuhr zwanzig pampig und ranzig das kommt von Stein
und überall Reim ich denke in Schlaufen komm ich ins Schnau-
fen schrieb schnell ne mail einmal muß auch etwas anderes sein,
geht nicht schlecht, im Gefecht, sonnenerpicht rundum den
Berg gelaufen, an der Hauswand etwas wie Efeu in Kraken, das
paßt, und Fahrstuhl fahren, mit zu langen Haaren, ein Zopf oder
Gertrudenkropf, was über Gene lesen und übers menschliche We-
sen, Kaspar Hausers Unterhose als Gedichtbandtitel erwogen
aber zu angezogen, in der Sonne am Wasserturm Brainstorm As-
soziationsnorm, so geht es mit dem Hellen, man kommt nicht
aus den Fellen, morgens nicht raus und abends nicht rein, was
könnte das mit der Stein nur sein Panik Attacke Herz mit
Schmacke Olivenbrot kauen Pfeffer verdauen, aufräumen und
schauen, rutsch macht der Tag, auch wenn man ihn mag.
                                                        19.20-19.25

* Ich danke Kurt Bracharz, dessen Beispiel mich im März 2000 in Münstereifel
   dazu anregte, nach 25 Jahren Pause wieder mit einem Tagebuch zu beginnen.

** 1996 wurden Hautzellen aus einer angeblich von Kaspar Hauser getragenen
   Unterhose zur genetischen Analyse in ein Labor geschickt. Das Ergebnis: Kaspar Hauser ist nicht mit heutigen Vertretern des badischen Fürstenhauses ver-
   wandt. Einige Zeitungen bedauerten damals, dass die genetische Analyse nun
   den Spekulationen über Kaspar Hausers rätselhafte Herkunft ein Ende setze,
   die kulturelle Mythenbildung also beschränke. Daran ist allerdings zu zweifeln.

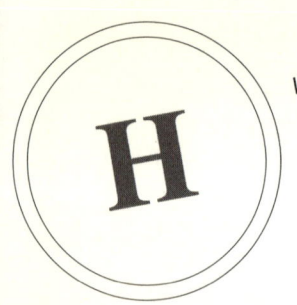

Wilhelm Genazino

Heimat, vorgespiegelt

Der Ort der Handlung in der Literatur

Ich erinnere mich gut an die Zeit, als ich zum ersten Mal die Romane von Samuel Beckett las. Es begeisterte mich, Einzelheiten über das Leben von Molloy, Malone und Mahood zu erfahren, und ich war fasziniert von der sprachlichen Präsentation dieser Details im Text. Die Freude am Lesen war sicher auch der Grund, warum die Frage, wo das eigenartige Leben dieser Herren eigentlich stattfindet, mich nicht interessierte, zumindest nicht während der Lektüre. Ich war, entgegen meinen damaligen Erwartungen an den Roman als Form, plötzlich damit einverstanden, mich zusammen mit Molloy, Malone und Mahood und ihren Kameraden oder Doppelgängern Worm, Watt und Yerk in einem Niemandsland zu bewegen, in dem auch die anderen Fragen, die Leser an Protagonisten gewöhnlich herantragen, keine Rolle mehr spielten, also die Fragen danach, welchen Beruf ein Romanheld ausübt, wie alt er ist, ob er verheiratet war oder ist, kurz: all die Treppenhausprobleme, die wir geklärt haben wollen, ob im Leben oder in der Literatur.

Natürlich kann die These von Becketts Niemandsland so nicht aufrechterhalten werden. Richtig ist nur, daß Beckett, was den Ort der Handlung betrifft, sich stets sehr bedeckt hielt. Sowohl über den Ich-Erzähler des Romans *Malone stirbt* als auch über den Ich-Erzähler des Romans *Molloy* teilt Beckett nur mit, daß sie in einem Zimmer leben, über das der Autor dann keine weiteren Angaben macht. Der Eindruck des Niemandslands entsteht nur dadurch, daß beide Erzähler nicht wissen, wo sich ihre Zimmer befinden und wem sie eigentlich gehören. Mehr noch: Sie können nicht einmal sagen, wie sie in die Zimmer hineingekommen sind. Es ist interessant, daß Beckett in beiden Romanen wortwörtlich die gleichen Sätze verwendet, um die Diffusion seiner Protagonisten zu fixieren. Sowohl in *Molloy* als auch in *Malone stirbt* lesen wir: »Wie ich hierher gekommen hin, weiß ich nicht. In einer Ambulanz vielleicht, bestimmt mit irgendeinem Gefährt.«

In dem Roman *Der Namenlose* erspart sich der Autor auch diese Vermutungen. Dafür wird der Wohnort des Namenlosen fast schon üppig beschrieben, jedenfalls für Beckettsche Verhältnisse. Der Namenlose bewohnt eine Art Kanne, die abwechselnd als »Krug«, «Behälter« oder »Vase« bezeichnet wird. Am Boden des Krugs befindet sich (wie in einem Stall) Sägemehl; seine allgemeine Lage beschreibt der Namenlose so: »Gleich einem Blumenstrauß in einem tiefen Krug steckend, bin ich am Rand einer ruhigen Straße in der Nähe des Schlachthofs zur Ruhe gekommen, endlich.«

In Virginia Woolfs Roman *Die Wellen* treffen wir auf sechs jugendliche Personen, die an schmerzhaften Wegkreuzungen ihrer Biografien angelangt sind. Sie fahren, teils aus privaten, teils aus geschäftlichen Gründen, mal nach Rom, mal nach Schottland, mal nach Indien. Aber das Zentrum ihres vergangenen und zukünftigen Lebens ist London. Das wird uns nicht ausdrücklich gesagt. Wir merken es an den Straßennamen. Erwähnt werden Bond Street, Piccadilly, Regent Street, Oxford Street und andere. Dennoch kann man nicht sagen, die Autorin habe das Leben in der englischen Hauptstadt zu Beginn der dreißiger Jahre zu einem besonderen Aspekt ihres Romans gemacht. Es bleibt den ganzen Roman hindurch eine Nebensache, daß wir in London sind. Freilich ist diese Beiläufigkeit romantechnisch kalkuliert; sie verweist darauf, daß die Romanfiguren auch Räume des Bewußtseins bewohnen, die erheblich bedeutsamer sind als real vorfindliche Straßen und Häuser. Bei Virginia Woolf ist der Ort des Bewußtseins das Meer. Es erscheint in zweierlei Figuration; einmal als reales, wirklich vorhandenes Meer, an dessen Ufern man sich erholt, zerstreut, beglückt; und zweitens als Chiffre für das träumende Tätigsein der Menschen, das mit unabhängigen Bedeutungen, je nach Bedarf des Träumenden, angefüllt werden kann.

So wird das Meer einerseits zu einem Bild für die beängstigende Beweglichkeit des Lebens, gleichzeitig für dessen ebenso beängstigenden Stillstand. Beides bringt immer nur stets gleich bleibende Wellen hervor. Das Meer ist außerdem ein Bild für die schon ausgehaltene Fülle des Lebens, gleichzeitig ein Bild für dessen Leere und Wiederholungszwänge, oder, anders gesagt: für seinen stets möglichen Neubeginn ebenso wie für seine bösartige, weil unfreiwillige Beendigung, für den Tod.

Wir werfen einen Blick auf das Werk eines ganz anders motivierten Autors, der nie einen Zweifel daran ließ, daß er das Land, in dem er lebte, in einem dramatischen Sinn kritikwürdig fand und der außerdem sicher war, daß Literatur ein Mittel sei, diese Kritik unter die Leute zu bringen. Ich rede von Heinrich Böll. Für einen Autor wie Böll war schon die Wahl des Handlungsortes ein kritisch gemeinter Akt. Wir greifen seinen 1963 erstmals erschienenen Roman *Ansichten eines Clowns* heraus. In diesem Buch erfahren wir schon auf der ersten Seite, daß der Held des Romans, der Alleinunterhalter Hans Schnier, in Bonn zu Hause ist. Schnier hat ein Problem: Seine Lebensgefährtin Marie, mit der er seit Jahren unverheiratet zusammengelebt hatte, ist »zu den Katholiken übergelaufen« . So drückt sich Böll wörtlich aus, und er meinte damit, daß eine Frau wie Marie in einem katholischen Milieu keine andere Wahl hatte, als sich auch privat konform zu verhalten. Die Wahl des Wohnortes war von Böll politisch gemeint, und sie ist damals, als der Roman erschien und sofort zu einem Bestseller wurde, auch weithin so verstanden worden.

Natürlich griff Böll die Stadt Bonn nicht direkt an; sie ist nur Repräsentant einer Denkungsart, in der Kirche und Staat bestimmen durften, was eine Ehe ist. Bonn stand für die mediokre Welt der damaligen Bundesrepublik, für das hinterwäldlerische Kulturklima im vierzehnten Nachkriegsjahr. Der Roman wandte sich gegen jede Art von Schein- oder Doppelmoral, gegen christlich motivierte Lebensfeindlichkeit, gegen den Mundgeruch der Provinz. Das alles mußte damals nicht narrativ ausgeführt werden. Es genügte die Nennung des Handlungsortes Bonn. In diesem Sinn ist der politische Autor Böll auch in der Wahl seiner Handlungsorte politisch äußerst wirkungsvoll gewesen.

Ich habe, vorgeführt an weit auseinander liegenden Beispielen, die vielleicht bekanntesten Möglichkeiten skizziert, in einem episch angelegten Text eine Topographie zu situieren:

1. Becketts stark reduktionistische Nicht-Orte, 2. Virginia Woolfs Ort als Metapher (das Meer) bei gleichzeitiger Vortäuschung eines empirischen Spielortes (London), und 3. Bölls kritisch gemeinter Verweis auf einen realen, für einen bestimmten Geist repräsentativ gewordenen Ort (Bonn). Unter progressiven Literaturkennern kann man oft die Meinung hören: Je mittelmäßiger ein Roman ist, desto genauer möchte man wissen, wo er spielt. Man kann auch die Umkehrung dazu hören: Je besser ein Roman ist, desto belangloser ist der Ort der Handlung. Beides klingt fachmännisch, beides ist falsch. In allen Romantypen, von Böll bis Beckett, spielt der Handlungsort nur eine Funktionsrolle; er übernimmt, romantechnisch gesagt, die Verankerung des Sprechers im Text. Eigentümlich ist dabei, daß die Topographie eines Romans vielleicht nur während seiner Rezeption von Belang ist. Nur solange die Lese-Zeit eines Textes anhält, solange wir als Leser selber Teil eines Textkosmos sind, wollen wir verbindlich wissen, das heißt uns per Vorlauf und Rücklauf erinnern können, wo und wie das Zuhause des Protagonisten konstruiert ist.

Hinterher, wenn wir einen Roman gelesen haben und uns nach seinem Rang fragen, wird es plötzlich zweitrangig, ob Becketts Erzähler in einer Vase hockt oder in einer Mülltonne, ob Virginia Woolfs Erzähler in Indien oder Schottland waren oder nicht oder ob der Böllsche Clown am Ende auf den Treppen des Bonner oder irgendeines anderen Bahnhofs sitzt. Wir sind hier einem Paradox auf der Spur: Ein Roman ohne Topographie ist nicht denkbar, und gleichzeitig ist die Topographie für die ästhetische Bedeutsamkeit eines Romans so gut wie ohne Einfluß.

Heinrich Böll hat 1959 einen kleinen Aufsatz mit dem Titel *Stadt der alten Gesichter* veröffentlicht. Gemeint war Köln, Bölls Heimatstadt. Als Charakteristikum der Stadt hebt der Autor die Gesichter von »Unbekannten« hervor, Leute, die er nicht kannte und die er dennoch immer wieder sah, viele von ihnen täglich.

Es handelt sich um die Gesichter von Straßenbahnern, Straßenhändlern, Zeitungsverkäufern, Polizisten, Ladeninhabern und »müßigen Damen«, die in Cafés herumsitzen. Der Text ist eine Mischung aus Nähe und Anonymität, Heimatkunde und Sozialreport, Distanz und Menschenfreundlichkeit. Er beschreibt, was er beschreiben soll, nämlich die Fixierung eines Autors an seine Stadt, die gegen keine andere austauschbar ist. Wir begreifen, daß Heimat für einen Autor Produktionsmittel ist, und deswegen begreifen wir auch das Gegenteil (das Böll nicht erwähnt), daß der Verlust von Heimat die Einbuße der Produktivität bedeuten kann. Böll behauptet nicht, daß es nicht auch in anderen Städten alte Gesichter zu sehen gibt. Der Aufsatz beginnt so: »Köln ist *für mich* die Stadt der alten Gesichter ...« Ich hebe das *für mich* hervor, denn diese Bestimmung ist wichtiger als die alten Gesichter selber. Bölls Text ist nur in einem sehr äußerlichen Sinn ein Text über Köln; er ist vielmehr eine symbolische Erklärung dafür, daß ein Autor »seiner« Umgebung sowieso nicht entkommt, auch dann nicht, wenn er dieses Entkommen versucht hat oder von Fragen religiöser, regionaler oder ethnischer Zugehörigkeit explizit nichts wissen möchte.

Das bedeutet: Im Bezug auf die alten Gesichter steckt der Reflex des Schreibens selber; er ist ein Hinweis darauf, warum aus dem in Köln geborenen und aufgewachsenen Einzelwesen Heinrich Böll ein Schriftsteller werden mußte. Die dort umhergehenden Leute mit ihren alten Gesichtern haben seine Phantasie und sein Ausdrucksbedürfnis in Bewegung gebracht; sie haben ihn dazu motiviert, sich diesen und jenen Text auszudenken, sie sind für den Autor ein Teil der Enträtselung des Geheimnisses, warum gerade aus ihm ein Schriftsteller werden mußte. Sie sind ein Beitrag eines Autors zur Beantwortung der unendlich rätselhaften Frage, warum überhaupt geschrieben wird.

In diesem – und nur in diesem – Sinn ist es für die Literatur nicht konstitutiv, ob sie in Köln oder Dublin, in Dresden oder am Bodensee »spielt«. Die Örtlichkeiten können nur erklären, warum sie dieses oder jenes Individuum in einen Schriftsteller verwandelt haben. Tatsächlich wäre der Roman *Der Mann ohne Ei-*

genschaften um kein Gran weniger bedeutsam, wenn uns sein Autor nicht schon auf der ersten Seite mitgeteilt hätte, daß wir uns in Wien befinden. Das gilt auch in umgekehrter Richtung. Robert Walser hat uns nicht verraten, in welcher Stadt *Jakob von Gunten* anzusiedeln ist. Es gibt Anzeichen dafür, daß es sich um Berlin handelt, aber wir, als Leser, sind nicht darauf angewiesen, daß sich diese Leerstelle füllt; der Roman braucht diese Vollständigkeit nicht, um vollkommen zu sein. In einem anderen Roman Robert Walsers, ich meine den *Gehülfen*, nennt der Autor den Ort der Handlung einmal Bärenswil, dann wieder Bärensweil. Eine Erklärung dafür gibt Walser nicht. Wir erkennen in diesem Spiel erneut den sonderbaren Doppelcharakter des Handlungsortes, sein zwiespältiges Schwanken zwischen Bedeutung und Bedeutungslosigkeit.

Vermutlich hat schon Robert Walser gewußt, daß ein allwissender Autor zu einem auktorialen Erzählen finden muß und daß sich der Kunstcharakter eines Werkes stets in der Fiktion bewährt und nicht in der Empirie. Das sind gleich drei der Schlaumeier-Maximen, mit denen heutzutage jeder bessere Roman-Lehrling seinen Expertenstatus behauptet. Ich erwähne sie nur, um an ihrer Zersetzung mitzuwirken. Die Wirklichkeit des Romantextes ist so, daß keine ästhetische Reflexion sie ganz trifft; oder, anders gesagt: In der Kunstproduktion gibt es nicht nur keine gesicherten, sondern es gibt überhaupt keine Ansichten. Noch einmal anders gesagt: Der allwissende Autor war nie allwissend gewesen. Der allwissende Autor ist eine Fiktion der erzählenden Germanistik. Ein Autor weiß immer gerade so viel, wie er zur Niederschrift eines Textes wissen zu müssen glaubt. Wenn dieses Wissen nicht ausreicht, hilft nur der Zufall der Idee, das Glück des unvordenklichen Einfalls, über dessen Zustandekommen wir keine seriösen Aussagen machen können. Für unser Thema heißt das: Ich bin sicher, Robert Walser könnte die Frage nicht beantworten, warum es im *Gehülfen* gleich zwei Handlungsorte gibt (die miteinander offenkundig identisch sind, aber verschieden genannt werden), im *Jakob von Gunten* jedoch nicht einen einzigen.

Denn die Wirklichkeit der Literaturproduktion sieht so aus,

daß wir nur pragmatisch urteilen sollten, das heißt von Fall zu Fall. Ist ein Roman so gebaut, daß wir am Ende der Lektüre nicht wissen müssen, wo er spielt, dann geht die Unbestimmtheit in Ordnung. Ist der Roman jedoch so angelegt, daß wir seine Spielorte gerne wissen möchten, und der Roman teilt sie uns auch mit, dann ist auch gegen diese Lösung nichts einzuwenden. Es ist offenkundig, daß sich pompös klingende Regeln von diesem dürren Sachverhalt nicht ableiten lassen. Die anspornende Enttäuschung der Kargheit liegt darin, daß Schriftsteller den Ort ihrer eigenen Literatur immer erst selber finden (oder konstruieren) müssen, ehe dieser Ort (vielleicht) auch ein Ort für Leser werden kann. Die meisten Menschen lesen nur, um ihre Unruhe zu bändigen. Vielen Dauerlesern gelingt es, die Unrast so sehr in deren Gegensatz, in ein sanftes Beschäftigtsein, zu verwandeln, daß diese nichts mehr von ihrer Herkunft verrät. Eine gelungene Lektüre versetzt sie gar in die Täuschung, im Text selber eine Art Zuhause, eine über-individuellle Heimat zu finden, von der sie gleichzeitig wissen, daß sie eine Vorspiegelung ist.

Deswegen ist der Ort der Handlung eine doppelte Notwendigkeit und eine doppelte Illusion: Der Autor braucht den Ort, um seinen Text zu organisieren, der Leser sucht den Ort des Textes, um seine Unrast zu bannen. Zum Schluß fällt mir der polnisch-englische Schriftsteller Joseph Conrad ein, gewiß nicht zufällig. Er hat viele Romane über einsame Männer geschrieben, die auf einsamen Schiffen einsame Meere überqueren. Conrad war selbst viele Jahre Seemann und Kapitän, er nannte die Seefahrt seine »Leidenschaft« und das Meer seine »launische Geliebte«, denen er anders als in einem ewigen Schwebezustand gleichwohl nicht nahe sein wollte. So wurde für Conrad der Dreimaster oder der Dampfer zu einer Reise-Metapher für etwas Unfaßliches, das seines fluktuierenden Charakters wegen immer nur auf Schiffen Unterschlupf finden konnte. In diesem Sinn erlaubt uns der Ort der Handlung stets auch etwas Unerhörtes: die momentweise Besichtigung des Unaussprechlichen.

Roland Koch

Einatmen, ausatmen

»Schriftsteller wird, wessen Verlangen nach Anerkennung auf unaufwendigere Weise nicht zu stillen ist.« (Tim Parks)

Das Gehör: auf die Stimmen lauschen (außen und innen), das Geschwätz, den Lärm (das, was nicht zu hören ist): eigentlich ist da zuviel Durcheinander, und der Schreibende kann seine Ohren nicht schließen.

Schreiben wie auf eine kalte Glasscheibe hauchen (nicht kontrolliert, ohne Zensur): alles ist in diesem Kondensat enthalten.

Im Dunkeln beginnen und langsam ins Helle entkommen, der Verdüsterung entkommen, das ist der Grund. (Die Lust und die Angst, zu provozieren.)

Mit den Fingerspitzen erzählen. Die Befangenheit der eigenen Welt beschreiben. (Den Hang zur Idylle ernst nehmen.) Das Gefühl, zuviel zu sehen, zuviel zu verstehen. Zuwenig Distanz? Zu weich, zu sanft? Richtig so.

Zu sagen gibt es immer nur das Eine, aber es ist nie ganz gesagt, schon kommt ein weiteres Stück zum Vorschein, schon schiebt die Erinnerung nach.

Die Geläufigkeit, mit der jemand schreibt: ein Weglaufen. Möglichst weit weg von sich. (Bücher, die nicht autobiographisch genug sind.)

Sehen lernen, sich verändern, das reicht eigentlich schon.

Leise auf jemanden zugehen und zusehen: eine Figur!

Schreiben lernen bis zum letzten Tag. (Jemand schreibt in sein Notizbuch, gleich wird er widersprechen.)

Die Intelligenz des Lesers überschätzen.

Wehmut, Verzweiflung, Trauer: der Schreibende vergißt längst, wie er schreibt. (Etwas tun, das er nie ganz beherrschen wird.)

Weil er sich beim Schreiben nie zusehen kann, darum sieht er überhaupt.

Etwas aufschnappen, ein Gefühl, es festhalten, bis ein anderer es findet.

Gewissenhaft seinen Weg gehen: wo wäre dann der Haken?

Weil sie sich nicht ernst nimmt, vielleicht lacht sie darum nie über andere.

Verzweiflung kombiniert mit Kälte.

Zum Schreiben muß man eigentlich sehr alt sein. Nein, man muß sehr jung sein.

Das Ungemachte, nicht Bestätigende. Das Ende der schönen Sätze. Alles Künstliche, Glatte, gut Gemachte verabscheuen.

»Während der Fahrt nicht mit dem Steuermann sprechen!«

Horchen auf die Seele der Sätze.

Der Trieb, der Zwang (das Glück), immer weiterzumachen.

Einem Buch trauen? Welchem? Einem häßlichen, unscheinbaren?

Einem schmutzigen, aggressiven? Welches ist wahr? Wer hat es geschrieben?

Einen Finger ins Wasser zu tauchen reicht nicht aus.

Die Verkaufszahlen, die Vorschüsse: einer erzählt, und die anderen tun vergeblich, als hätten sie davon noch nie gehört.

Einer lächelt vor jedem Einwand, als sei das besonders höflich.

Die Phantasie öffnet immer neue Fenster, bis einer merkt: etwas stimmt nicht.

Was Stil ist, bestimmt der, der ihn schreibt.

Warum bricht jedes vorgebliche Schreiben zusammen?

Etwas hören, das ich selber nie machen könnte.

Sich schwer tun, ohne Schwierigkeiten.

Immer erzählen, nie behaupten. (Dogma). Manchmal muß auch etwas behauptet werden.

Was wollt Ihr? Kommunizierende Bücher.

»Schöne Worte sind nicht trauenswert.« Einen düsteren Satz schreiben.

Die Figuren ernst nehmen, ihre Wärme spüren, ihr Atmen. Das Ekelhafte, Abstoßende sorgfältig beschreiben, nicht verlachen.

Man wirft ein Stöckchen weg, schon brechen von allen Seiten Hunde aus dem Gebüsch.

Ist meine Stimme zu hören? Bin ich zu laut?

Nicht vergessen, das Licht auszumachen.

Früh aufstehen, niemanden verletzen, Rat annehmen.

Das Besprechen der »Geschäfte«: das Harmlose.

Gibt es die dauernde Liebe? Das gelungene Buch?

Wie kann man vom Schreiben blind werden?

Wärme abgeben, Temperatur entwickeln, Hitze erzeugen.

Die Schönheit eines Leseanfangs: das Einverständnis ist noch da.

Das Schreiben: eine Schwalbe fliegt vorbei, ein Schatten, ein nächtlicher Blitz.

Was ist autobiographisch? Alles.

Marktgänge

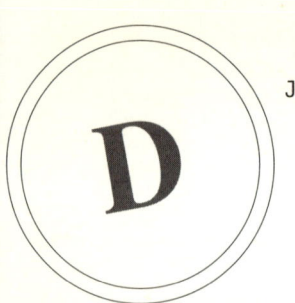

Jürg Amann

Der Tod stirbt

Ein Stück schreiben, in dem der Tod stirbt, das war die Aufgabe, dafür hatte ich sehr viel Geld bekommen, und dem Regisseur, der es dann auf die Bühne bringen sollte, hatte ich es in die Hand versprochen.

Von hinten links sollte der Tod auftreten, aus der Seitengasse, vor der nackten Wand, vor der Brandmauer, die mit nichts abgedeckt gewesen wäre, wir hätten keine Kulissen gebraucht, und von dort nach dem Kaspar fragen, und, weil der Kaspar nicht da wäre, mit einem Schritt nach vorn, mit der Frage des Kaspar, nach uns. Seid ihr alle da? sollte er fragen, und: Sind auch die von euch da, die nicht da sind? Nicht mehr oder noch nicht. Und dann sollte er auf uns zugehen, auf uns, die wir jetzt dagewesen wären, langsam, Schritt für Schritt, aus der Tiefe des Bühnenraums hervor, über die weite Leere der Bühne, die nach vorne ein wenig abschüssig gewesen wäre, für unser Auge kaum wahrnehmbar, so dass wir die leere Oberfläche besser gesehen hätten, mit ihren Merkpunkten und Merkzeichen, immer wieder innehaltend, immer wieder zögernd, in seinem weißen Kostüm, aus weißem Flanell, das ihm die Großmutter geschneidert hatte, mit seinem weißen, kantigen Holzkopf, der ihm vom Großvater geschnitzt und gemalt worden war, auf uns zu, die wir also: Ja! gerufen hätten, außer natürlich die, die nicht da gewesen wären, noch nicht oder nicht mehr, für diese natürlich mit, über die Mitte der Bühne und dann nach vorn, an die Rampe, auf die Rampe zu, auf uns zu, die wir mit offenen Mündern dasäßen, in der Dunkelheit des Zuschauerraumes, in Furcht und Schrecken, nur die Notausgänge wären beleuchtet, auf unseren bequemen Sesseln unbequem hin- und herrutschend, ein Bein wäre uns schon eingeschlafen, und auf das Ende warteten, noch bevor alles richtig begonnen hätte, der Kaspar war ja gar nicht gekommen, und die Großmutter und der Großvater auch nicht, und auch der Polizist hatte sich dem Tod nicht in den Weg gestellt; aber da stürzte er, denn er wäre jetzt an der Rampe, während wir aufschrien, noch bevor er uns ganz erreicht hätte, mit dem letzten Schritt auf uns zu, vor unseren vor Erwartung weit aufgerissenen Augen, geblendet, im Kegel des Scheinwerferlichts, kopfüber in den Orchestergraben, mit seinem Sturz auf der verwaist dort stehenden Kesselpauke einen Tusch auslösend, und bräche sich das Genick –, während das Licht auf der Bühne aus- und das Licht im Zuschauerraum anginge, und das wäre das Ende.

Aber was wäre dazwischen gewesen, zwischen Anfang und Ende, was für ein Spiel würde der Tod da mit uns getrieben haben? Ja, mit uns, denn der Kaspar an unserer Stelle und die Großmutter und der Großvater und der Polizist und der Teufel, auf die wir gewartet hatten, wären ja nicht gekommen. Ja, auch der Teufel nicht, auch der Teufel mit seinem roten Kopf und den schwarzen Hörnern, den mir der Bruder, als wir Kinder waren, an die Stirn geschleudert hatte, hätte sich vor dem Tod ja gefürchtet. So dass wir allein gewesen wären mit ihm. Was hätte er uns gesagt, und was hätten wir ihm geantwortet?

Der Tod ist der Zweck des Lebens, vielleicht? Oder: Der Tod ist der Freund des Lebens, noch eher? Denn nichts anderes als die Angst vor dem Tod ist die Liebe zum Leben? Oder: Der Tod ist der Jäger auf Hegejagd? Ohne dessen Schuss der Wald bald zu voll wäre? Oder: Der Tod tut das Gnadenwerk? Der Tod ist der Erlöser von den Qualen der Krankheit und den Bürden des Alters? Oder: Der Tod ist die conditio sine qua non des Vergehe und Werde!? Denn alles, was anfängt, muss enden, damit wieder Platz für den Anfang wird? Oder, am Ende: Der Tod ist der gerechte Richter, denn sein Gericht richtet alle? – Das hätte er uns erzählt. All diese Sprüche.

Und wir? Was hätten wir ihm geantwortet? – Hau ab? Zieh Leine? Verpiss dich? Wir können es ohne dich auch!

Judith Kuckart

»Und bricht den Hals sich nicht und lernt auch nichts«

2. März, Leseprobe

Vier Schauspielerinnen, ein Schauspieler, eine Bühnenbildnerin, eine Inspiezentin/Assistentin. Ein Raum mit Klavier und Ausblick auf eine Rotbuche. Eine Regisseurin, nämlich ich. Alle sind müde und lachen deshalb zu früh. Dreißig Tage Zeit haben wir für die Proben, und Kleist ist mir ein Rätsel wie Gott und das Sein ihm. Meine Besetzung würde ihm nicht gefallen. Drei Mädchen müssen Männergriechen und Amazonenfrauen abwechselnd sein, chorisch die Texte sprechen und sich chorisch – nach einer plötzlichen Körperwendung – widersprechen, und sodann bald aus dem Chor hervortreten, seinen Schutz verlassen; als Prothoe, als Odysseus, als Bote. Nur Achill und Penthesilea sind Achill und Penthesilea. Sind ein Mann und eine Frau, ein jedes eingeschlossen in sich. Das Trauerspiel von Kleist ist auf 1 Stunde und 20 Minuten gekürzt, aber nicht auf den Plot hin. Es gibt keine Pferde und keine arkadischen Rosengärten.

Penthesilea ist Ende Dreißig. Die anderen, auch Achill, sind Mitte Zwanzig. Ist das eine Aussage? War Henriette Vogel nicht auch älter? Oder nur kränker? Was würde Kleist denken, über die künstlichen Rosen an der Stirn der Rampe, wo das Spiel aufhört, und über den Boden aus grauem Filz, wo der Ekel anfängt.

Meine Penthesilea wollte eigentlich Tänzerin werden und wirft zum Beweis sich im Spagat gegen die Wand, mit dem Textbuch in der Hand. Die Inspizientin nicht. Sie sieht mich fragend an. Ob ich nicht noch etwas Grundsätzliches sagen kann?

(Wie soll ich das erklären, daß Kleist vielleicht soviel und atemlos schrieb, weil er eigentlich nicht schrieb, sondern nur sich bewegte, sein Ich in seiner Hand, und die Hand rastlos auf dem Papier der Spur von eiligen Sätzen folgend, die bis zu den Knien noch im Gedanken steckten. Und dann die vielen unsichtbaren weil unberührbaren Sätze, zusammengefaßt im Kleistschen Gedankenstrich, im Ausruf vor dem Wort, in Gesten, Gebärden, Blicken, Schweigen. Wie heißt es bei Else Lasker-Schüler? Meine Gedanken kräuseln sich, ich muß tanzen.)

Etwas Grundsätzliches sagen?

Na, – über die Sache mit dem Schwan zum Beispiel, sagt Achill.

Mein Schwan singt noch im Tod: Penthesilea.

Muß man das psychologisch sehen, so als Trieb, fragt Achill und grinst. Die anderen auch.

Nicht psychologisch, sage ich, mythisch.

Mythisch?

Morgen, morgen mehr.

3. März

Es klingelt in meiner Tasche. Penthesilea ruft an.

Warum machen wir das so, mit dem Chor?

Ich gehe um die Ecke, will in einem Hauseingang sprechen.

Chor? – hätte ich gern in dem Moment erklärt, Chor ist eine Gruppe gemeinsam sprechender Menschen, ist eine Aufregung und eine Irritation. Etwas kommt zur Sprache, das man – eben durch Sprache – längst überwunden glaubt. Im Chor behauptet sich die Sprache gegen die Sprache. Behauptet sich das tragische Bewußtsein. Weil der Sinn eine andere Kraft hat als nur Sinn zu sein.

Das fällt mir natürlich auf Anhieb in einem Hauseingang nicht ein. Ich zähle die Fahrräder an der gegenüberliegenden Häuserwand und sage etwas Ähnliches wie;

Der Chor gibt der Sprache das Rätsel zurück.

Welches Rätsel?

Ich glaube, Kleist wollte gar nicht schreiben.

Was wollte er denn?

Sterben, aber nicht allein.

Aber hallo, sagt Penthesilea. Du bist mir aber eine ganz Ernste. Und ihre Stimme ist traurig.

Um 14 Uhr ist Bauprobe. Der Weg bis zum Probenraum ist für mich weit. Wie bekomme ich in dieser fremden Stadt ein Rad?

4. März

Um für weitere Fragen gewappnet zu sein, notiere ich mir folgendes vorn auf dem Textbuch:

Penthesilea ist die Königin der Amazonen und will, was sie nie haben wird. Penthesilea.

Sie ist schwächer als ihre Gefühle, aber stärker als alle, die mit ihren Gefühlen spielen. Sie liebt Achill, zart und unerbittlich. Achill liebt sie, schleppend aber entschlossen. Er spiegelt falsche Tatsachen vor. Er sagt, sie könne ihn haben, damit er sie endlich hat. Aus dem Spiel mit falschen Tatsachen wird ein Vorspiel für echte Träume. Liebe.

Doch was ist Liebe? Man weiß nicht, wie es mit der Liebe ist, wenn man nicht dabei stirbt.

So steht es jetzt vorn auf der Strichfassung. Falls mal einer fragt. Wieder mit einem »Warum« ein Problem anfängt. Oder fragt, wie geht es mir denn jetzt, hier als Figur, in unserer Probebühne, der alten Polizeidirektion, vor der alle Jahre wieder der Magnolienbaum so schön blüht?

Und hast du oben unter dem Dach die toten Tauben gesehen, fragt Anja, die Bühnenbildnerin (24) und raucht.

Montag 26.4

Lichteinrichten.

So dunkel? sagt Herr Fäßler von der Beleuchtung.

So dunkel, ja. Und auch so blau.

Das macht man jetzt so, in Berlin, sagt einer der Techniker. Und die Neonröhren, wofür sind die?

Für den 24. Auftritt. Wenn Penthesilea stirbt.

Woran stirbt sie denn, fragt der Techniker.

Sie zieht sich aus, sage ich. Wenn sie nackt ist, kriecht sie in die Achselhöhle von Achill.

Na ja, sagt der Techniker, Geschmack macht einsam.

Warum zieht sich Penthesilea aus, fragt der Intendant. Nicht, daß ich was dagegen hätte.

Sie kann es sich ja noch leisten.

Wenn sie sich auszieht, mit starrem Blick, ist sie die Frau auf der Bühne, die man nicht umarmen kann. Der Mangel wird sichtbar. Auch Achill kann das nicht mehr.

Ja der ist ja tot, das versteh ich schon, sagt der Intendant, aber warum fällt der denn so leise singend durch den Raum? Und fällt und steht wieder auf. Und schaut sie dabei an?

Es gibt Vögel, die singen, wenn sie sterben, bis sie tot sind, sage ich.

Also körperlich ist das ja eindrucksvoll, sagt er. Und was singt Achill?

Nur »Hmhm«, in Folge und Ton gesetzt. Er hat alle Bindestriche bei Kleist gesammelt, montiert und arrangiert. Die singt er.

*

Du weinst ja, hatte das Kind auf Schweizerdeutsch gesagt und seine Mutter auf Französisch: halt den Mund. In einem Zug von Basel nach Karlsruhe hatte ich ohne ersichtlichen Grund angefangen zu weinen. Als der EC länger in Basel Badischer Bahnhof herumstand, mußte ich die Sonnenbrille aufsetzten und von den anderen Reisenden weg aus dem Fenster sehen. Da fing es an zu regnen. Die Spielzeit würde ohne mich beginnen.

Du weinst ja? Warum? Das Kind rutschte auf den freien Nachbarsitz.

Mann, hat die dicke Titten! hatte er gesagt.

Ich hatte vorn an der Rampe gestanden und sein Gesicht sofort gesehen. Jung, eine hohe Stirn und ein schöner Mund. *Und bricht den Hals sich nicht und lernt auch nichts/Sie schickt sich nur zu neuem Klimmen an,* ich sah ihn scharf an. Er hatte gegrinst und in der ersten Reihe gesessen. Mein Feind, der Zuschauer. Ich kannte ihn nicht.

Mann, so dicke Titten, hatte er noch mal gesagt, als habe er bereits meine Brust gegen mich in der Hand.

Drei Tage später bin ich bei meinem Auftritt wie immer bis vorn an die Rampe gegangen. Auf dem Platz, auf dem der Kerl gesessen hatte, saß eine ältere Dame. Sie war für den Abend zum Friseur gegangen. Fast tat es mir leid. Aber ich blieb stehen, aus einer Gasse hüstelte ein Kollege wie Schafe husten, grell und würgend. Der Zuschauerraum aber war still, wie es selten im Theater still ist. Es war ein Donnerstag.

Ich war Penthesilea.

Ich war Penthesilea, sagte ich, nach fünfzig oder sechzig Herzschlägen, die unter meinem Kostüm immer heftiger wurden.

Die Dame in der ersten Reihe sah mich aufmerksam an. Sie faltete die Hände und ich glaube, sie lächelte sogar. Sie lächelte, als dächte sie an bessere Zeiten, an ihren verstorbenen Mann, an gemeinsame Abo Saisons, an irgendwelche vergangenen Gefühlsäußerungen in einer längst vergangenen aber gelungenen Faust-Aufführung in Berlin oder Baden-Baden. Eine Aufführung nach der genauen Befragung des Textes. Das waren die besseren Jahre gewesen, privat und auch sonst so. Sie lächelte. Sie liebte das Theater und hielt mich aus. Meine verzweifelte Entscheidung mußte sie für einen komischen Regieeinfall halten. Ich konnte nicht mehr zurück. Das Licht vorn an der Rampe war auf 100% hochgezogen. Ich glaube, ich stand unter einem HMI. In diesem Licht kam ich mir mittelmäßig vor, gefesselt an hohle Anweisungen und ausgestellt.

Ich war nicht nur wegen der dicken Titten aus dem seelischen Gleichgewicht geraten.

Da stand ich an der Rampe und hätte der Dame sagen sollen; besuchen Sie mich doch demnächst im Kino. Wissen Sie, ich liebe die ahnungslose Dunkelheit, wo jeder für sich und hart vor die Leinwand gepreßt wird, so daß eigentlich nur noch die Kleidung in den Stühlen zurückbleibt.

Im Kino gewesen. Geweint. Sagt Kafka.

Manche sagen, wer Kino spielt, ist für das Theater verdorben. Ich sage, wer Theater spielt ist für das Leben verdorben.

Ich war Penthesilea, sagte ich noch einmal. Nichts passierte. Noch immer hielten die Zuschauer den Satz für eine menschliche Anstrengung, die sich Regie nennt. Aber das war ich, der Satz.

Ich war Penthesilea.

Vorhang, sagte jemand aus der zweiten Gasse. Der Inspizient betätigte den eisernen Vorhang. Ich machte mit der Rechten eine Geste zwischen Daumen und Zeigefinger, mit der man die Flamme aus einem Feuerzeug holt. Dann warf ich die fertige Geste über die Schulter. Sie fiel in den leeren Raum hinter mir und warf ein Bild zurück. Meine Mutter knöpft mir die Strickjacke zu, wenn sie mich kurz vor Ladenschluß zum Einkaufen schikkte. Ein Viertel Butterkäse, aber dünn geschnitten, ein halbes Pfund Mischbrot und eine Packung Novo Petrin.

Hat der Papi wieder Kopfschmerzen?

Ja.

Alles das gehörte zu dem, was heute war, dazu. Alle Geschichten gehörten irgendwie zusammen und hinter jeder Situation steckte eine, die gewesen und eine, die zufällig jetzt nicht geschehen war. Mindestens eine.

Mit seinem Klingelzeichen schob sich der Eiserne aus dem Schnürboden. Der Eiserne ist dafür da, bei Brand die Zuschauer vor der Bühne zu schützen. Ich lächelte und brannte vor aller Augen die Vereinbarungen für eine Wirklichkeit herunter, an der wir monatelang gearbeitet hatten. Ein Kollege zog mich bei den Schultern zurück.

Am nächsten Tag holte ich meine Papiere im Betriebsbüro ab. Der Intendant roch aus dem Mund nach Banane, als er mich verabschiedete. Ich blieb in der Stadt Basel. Bis zu den Theaterferien las ich am Tag ein dickes verschmutztes Buch aus der Leihbibliothek, ging am Abend in Kinos, und in der Nacht telefonierte ich mit zwei Freundinnen in Melldorf und Osnabrück, während stumm der Fernseher lief. Es regnete. Ein schottischer Sommer, sagte die eine Freundin. Ich lag mit dem Gesicht in meinen Haaren. Ich war sehr leer. Verstehe ich, sagte die andere Freundin. Das war bei mir genau so.

Lange vor meiner letzten Vorstellung in Penthesilea, war auch meine Vorstellung von mir als Schauspielerin zu Ende gegangen. Ich mochte nicht mehr von Eindrücken leben, die mir nicht gehörten. Seitdem ich dreizehn war, wußte ich, ich war durch wenige Millimeter Leere, die mir ein Mantel war, von der übrigen Welt getrennt. Als Schauspielerin war ich deswegen vielleicht besser als andere. War dankbar, wenn eine fremde Figur mich über die Bühne auszog und eine Spur für die Dauer der Aufführung hinterließ. Ich war, solange Theater war. Manchmal sah ich mich von außen an und wollte gar nicht so genau wissen, was ich empfand. Im Leben und bei der Liebe half mir die angeborene Leere wenig. Als ich dreißig wurde, schaute ich in den Spiegel und sah noch immer aus wie vierundzwanzig. Blaß, lieb und ein wenig verhärmt. Ich spielte weiter die Mädchenrollen. Doch ging ich in die Proben anders rein als früher. Mit Angst und rückwärts.

Sie verstehe, sagte die andere Freundin wieder. Das war bei mir genau so.

Und wenn ich wieder hinauskam, kam mir meine Hüfte sehr hoch und sehr steif vor. Ich fühlte mich nicht alt, sondern schlimmer. Ältlich.

Das ist normal, sagte die Freundin. Das habe ich schon hinter mir. War nur nicht so ausgeliefert, wie du, sagte sie. Im Hintergrund verstärkten sich die Geräusche einer Familie, die wartet, daß sie endlich aufhört mit der Welt da draußen zu sprechen. Denn ohne sie war es unter dem Tisch kälter. Bei mir im Zimmer war es so still, daß sie hätte hören können, es wurde ein Streichholz ausgeblasen. Ich rauchte. Wo gab es für mich die Nische, mein Melldorf, dazu den Halbtagsjob in einer Bäckerei vielleicht und den blauen Nylonkittel, und im Hochsommer den Nylonkittel mit nichts drunter. Die Haare würde ich so straff zurück binden, daß ich hinter dem Tresen jünger aussehen würde.

Wie auf der Bühne. Oder, wie ein echtes Lehrmädchen, das am Wochenende ins Kino der nächst größeren Stadt sich fahren läßt. Ich würde Eis und Popcorn essen, und im Dunkeln die Hand von irgendeinem Jungen, der bei einer Versicherung, oder bei einem Dachdecker oder der Sohn des Bäckers war, auf meinem Bein liegen lassen. Meine nackten Knie würden wie zwei helle Inseln aus dem Kinodunkeln ragen. Was hatte ich versäumt?

Blöde Frage.

Die Freundin hatte längst aufgelegt.

Durch das geöffnete Fenster hörte ich in einer warmen Nacht die Menschen im Café sich nach dem Regen auf die Terrasse setzten oder zur Straßenbahn gehen. Es war kurz nach Zwölf. Es war das geöffnete Fenster, es war der Sonntag, ich hatte kein Kind. Bist du glücklich, bist du glücklich, mit diesem Herumwirbeln ohne Kreis?

Montag war Kinotag. Vor dem Lux gegenüber dem Theater traf ich die Kollegen. Es war der erste freie Abend am Ende der Spielzeit. In der Penthesilea hatten sie umbesetzt, mit der Romberg.

Was machst du jetzt?

Das fragte ich mich auch.

Und Ihr?

Wir haben gestern letzte Vorstellung gehabt, weißt du doch.

Einer, mit dem ich nach einer Premierenfeier auf dem Sofa in der Maske gelandet war, legte den Arm um die neue Souffleuse.

Wir fliegen nach Sri Lanka, sagte er.

Ich fuhr am nächsten Morgen mit dem Zug nach Karlsruhe und setzte mich gegenüber dem Bahnhof ins *Café Sinn* . Aber in die Sonne. Es war zehn Uhr früh, August, im letzten Jahr. Der Apfel aus meinem Proviant machte ein finsteres Gesicht, als ich ihn zum Kaffee aufaß.

Dann war der Anruf gekommen.

Bernd Eilert

Gedächtnisprotokoll einer Dreh-
buchkonferenz

Mag sein, daß das folgende Gedächtnisprotokoll einer Drehbuchkonferenz mir ein wenig schmeichelt – aber es ist eben ein Pro-
tokoll nach meinem Gedächtnis und es war meine Eitelkeit, die
dabei ein wenig verletzt wurde.

So jedenfalls ist mir dieser Vorgang in Erinnerung geblieben.

Anwesend waren: Frau Sonne (Redakteurin bei PRO7), eine
namenlose Praktikantin im selben Sender, Frau Waage (Produzentin bei ENDEMOL) Herr Hagen (Co-Autor), und ich, der Autor
eines Drehbuchs für einen Pilotfilm zu einer geplanten TV-Serie.
Arbeitstitel:

P.T. – Ihr ganz Persönlicher Trainer

Ort der Handlung ist München, Unterföhring. Ein kleiner
Konferenzsaal im Hauptgebäude des Senders, schmucklos bis auf
ein Bildobjekt in dunklen Blautönen; Oberlicht durch eine Glas-
kuppel, die beim ersten Sonnenstrahl automatisch von einer Ja-
lousie aus Gaze verschleiert wird, was an diesem Tag, da die Wolken rastlos ziehen, häufiger geschieht. Das dabei entstehende
Geräusch erinnert an Untergrundbahnen, die vorüberrauschen.
Schließt man die Augen, ist es als läge der Raum unter den Glei-
sen einer einsamen Endstation. Bestens geeignet als finsterer
Treffpunkt einer lichtscheuen Geheimsekte.

Macht man die Augen wieder auf, sieht alles ganz harmlos
aus.

Zentral: ein Tisch mit acht Stühlen, je drei an den Längssei-
ten, je einer an der Stirn, Sitzordnung wie zum Befehlsempfang:
auf dem Mittelplatz der einen Längsseite die zuständige Redak-

teurin Frau Sonne, ihr direkt gegenüber die Produzentin Frau Waage, flankiert von meinem Co-Autor Herrn Hagen und mir; die namenlose Praktikantin an einer Stirnseite. Die Plätze neben mir und mir gegenüber sind frei, was meinen Blicken einen gewissen Raum zur Abschweifung offen läßt. In mancher Hinsicht läßt mich der Raum an die Seitenkapellen einer modernen Wallfahrtskirche denken. Es war im Niederrheinischen, wo ich vor Jahren einmal miterlebte, wie Gläubige meist hinfälliger Natur und niederländischer Herkunft im Namen eines jesuitischen Märtyrers der Nazidiktatur unter Ikea-Kreuzen busladungsweise gesegnet und verarztet wurden. Wie das Banale so sakral anmuten kann, wundert mich immer noch.

Hier und heute jedoch geht es um weltliche Belange, entsprechend ist das Angebot. Zwischen den Parteien in Reichweite: Thermoskannen mit Kaffee und Tee, Tassen, Kaltgetränke und Gläser, eine Schale mit Gebäck, eine mit Obst. Jeder hat ein gebundenes Drehbuch vor sich, außer mir, der seine eigene Fassung im schwarzen Klemmbinder mitgebracht hat. Ich bin auch der einzige, der im Verlauf der Konferenz überhaupt einmal in den Text schaut.

Das Gespräch wird ungefähr 75 Minuten dauern, die Anteile verteilen sich wie folgt: Frau Sonne ca. 85%, Frau Waage 3%, Herr Hagen und die namenlose Praktikantin je 1%, die verbleibenden 10% bestreite ich.

Zeitpunkt: Der späte Vormittag des 28. Oktober 1999

Es geht um die fünfte oder sechste Fassung des Drehbuchs, je nach Zählweise. Die übliche Einleitung von Frau Sonne: Diese Buchfassung sei schon wieder ein Schritt in die richtige Richtung, alle Anlagen zu einem tollen Pilotfilm für eine Super-Serie seien da enthalten – leider nur allzu verborgen und längst noch nicht plakativ genug – das hatte ich nun schon häufiger gehört. Auch Frau Waage, die Produzentin, bediente sich dieser pädagogischen Technik gerne. Ihren aufmunternden Worten folgte stets ein gewichtiges »aber«, das dann natürlich zur nächsten Drehbuchfassung führte. Am Vorabend dieses Treffens hatte Frau Waage allerdings erstmals auf Wenns und Abers verzichtet und das jetzt vorliegende Buch uneingeschränkt gut geheißen, eine Einschätzung, der sich mein Co-Autor Herr Hagen hinsichtlich des Plots und der Dialoge in seiner wortkargen Art durch wiederholtes Abnicken offensichtlich anschließen konnte, was mich für die heutige Konferenz recht hoffnungsfroh stimmte, obwohl mein Optimismus während der letzten arbeitsreichen Wochen doch ziemlich strapaziert worden war.

Eigentlich schon von Anfang an ...

Denn die Geschichte dieses Projekts hatte natürlich viel früher begonnen – irgendwann im Frühling 1999 in Los Angeles – doch davon erfuhr ich erst später.

Im Hochsommer jenes Jahres avisierte mir mein Agent aus Hamburg den Anruf einer Produzentin aus Köln, die sich auch prompt bei mir meldete und mich zu einem Treffen am nächsten Tag in Frankfurt überredete. Sie hatte es sehr eilig, und mir war das sehr recht, da ich eben in die Sommerfrische aufbrechen wollte und weitere Verzögerungen nur ungern in Kauf genommen hätte; zumal ich mir nicht viel von diesem Gespräch versprach, in dem es um eine geplante Fernsehserie gehen sollte.

Ich hatte schon am Telefon deutlich gesagt, daß von den gängigen Genres keines für mich in Frage käme, da mich als Zuschauer weder Melodramen mit starken Frauen noch Sitcoms mit schwachsinnigen Männern interessierten und ich als Autor weder Krankenhäuser noch Polizeireviere beschreiben mochte. Auch mein Bedarf an reiner Comedy sei durch die langjährige Zusammenarbeit mit einem reinen Komiker gut gedeckt. Sie jedoch hatte nicht lockergelassen und von einer Idee gesprochen, die absolut neu sei und bislang ungenutzte Möglichkeiten eröffne.

Zu meiner Überraschung stellte sich heraus, daß sie nicht zuviel versprochen hatte.

Sie wollte mittags in Frankfurt eintreffen, ich erwartete sie vor einem Kaffeehaus im Zentrum, wo ich durch mehrere Anrufe ihres Assistenten aus der Kölner Zentrale über eine flugbedingte Verspätung auf dem laufenden gehalten wurde, was ihrem Auftritt eine gewisse fieberhafte Vorbedeutung gab.

Was nun auf mich zukam, war eine gut dreißigjährige Frau, deren kräftigen Körperbau auch ein gut geschnittenes dunkles Businesskostüm nicht verbergen konnte. Vor allem ihre mächtigen Oberschenkel ließen mich sofort an Reitsport denken, was sich als durchaus richtige Vermutung herausstellte.

Frau Waage war aus Westfalen, ihr verstorbener Vater hatte eine kleine Filmproduktion betrieben, wo sie ihr Handwerk in diversen Funktionen erlernt hatte, was schließlich zu ihrer Position als angestellte Produzentin bei dem großen niederländischen Unterhaltungskonzern ENDEMOL geführt hatte.

Und ENDEMOL (derzeit u.a. zuständig für die wegseherregende alltägliche Peepshow BIG BROTHER) sollte jetzt im Auftrag des gewaltig aufstrebenden Privatsenders PRO7 eine Fernsehserie entwickeln, die auf eine Idee des dortigen Programmdirektors zurückging, dem bei seinem letzten Aufenthalt in Los Angeles etwas auf- und eingefallen war: Und zwar beim Anblick eines sportlichen jungen Mannes, der jeden Morgen am Privatstrand seines Hotels auftauchte, um dort mit unterschiedlichen jungen Damen verschiedene Fitnessprogramme zu absolvieren. Da all diese Damen ausgesprochen attraktiv aussahen, habe er den jungen Mann endlich gefragt, wie er zu so vielen reizvollen Bekanntschaften käme, und erfahren, daß jene Beziehungen rein professioneller Natur seien: Der Mann war das, was man in Hollywood einen *Personal Trainer* nenne und was – das sei längst recherchiert, versicherte mir Frau Waage begeistert – auch in Deutschland schwer im Kommen wäre – *verstehen Sie!?*

Natürlich verstand ich, daß in dieser Figur tatsächlich einige neue Möglichkeiten stecken konnten: Ein Beruf, der es dem Ausübenden erlaubte, sich ungezwungen mit den verschiedensten Problemen in unterschiedlichen Milieus zu beschäftigen, ohne Arzt, Anwalt, Lehrer, Polizist, Privatdetektiv oder Pfarrer zu sein, war gewiß nicht zu verachten.

Außerdem hatte ich mit der Klientel, die sich einen *Personal Trainer* leisten kann, einige Erfahrungen gemacht, die sich hier gut verwerten lassen sollten. Was für eine nette Gelegenheit, allerlei Klatsch- und Skandalgeschichten aus den Schichten, die sich selbst am meisten für Klatsch interessieren und auf selbst gemachte Skandale auch noch stolz sind, weiterzuerzählen ...

Aber diese Gedanken machte ich mir erst später. Zunächst versprach ich nur – ganz gegen meinen Vorsatz, so wenig wie möglich mit dem deutschen Fernsehen, das ich bei verschiedenen Gelegenheiten als extrem schwerfälligen Apparat kennen- und geringschätzen gelernt hatte, zu tun haben zu wollen –, mir über das Thema Gedanken zu machen. Frau Waage zeigte sich begeistert bei der Aussicht, meinen Kopf benutzen zu dürfen, zumal der Sender, wie sie sich ausdrückte, bei dieser Ankündigung *total aus dem Häuschen* gewesen sei.

So unverbindlich endete dies erste Gespräch.

Übrigens war der Umgangston inklusive des letzten Gesprächs, das ich hier protokollieren will, ausgesprochen freundlich geblieben, von geradezu inständiger Ermutigung bestimmt, bisweilen auch von leicht forcierter Heiterkeit, ungefähr wie ich es mir in kleineren Bibelkreisen vorstelle, wo sich Gleichgesinnte wohlwissend um jene bedrohlichen Strafen, die ihre Religion für alle Andersgläubigen vorsieht, der eigenen Auserwähltheit versichern. Wie rasch sich eisige Untertöne in diese Preisungen einschleichen konnten, als meinerseits Zweifel an der alleinseligmachenden Allmacht und totalen Kalkulierbarkeit der Einschalt-Quote laut wurden, sollte ich erst ganz am Ende erfahren.

Doch zurück zur Vorgeschichte: Relativ rasch hatte ich mir in jenen sonnigen Tagen, die ich wie vorgesehen in meiner norddeutschen Heimat verbrachte, ein paar Figuren ausgedacht, ihre Charaktere und Motive skizziert und mögliche Handlungsstränge entwickelt.

Außer dem Helden noch drei alte Freunde, die ihm auf die eine oder andere Art verbunden und in seinem beruflichen Fortkommen behilflich sind.

Ich orientierte mich einfach an lebenden Vorbildern, und zwar solchen, deren Verhaltensweisen gewöhnlich eben nicht als vorbildlich empfohlen wird: an vielversprechenden Versagern, großmäuligen Kleinbetrügern, tiefgründelnden Hochstaplern, untüchtigen Unruhestiftern, – kurz, an jenem sympathischen Schlag von Menschen , die wir schon dafür schätzen, daß ihre Lebensläufe niemals den Wunsch in uns erwecken, mit ihnen tauschen zu können.

In diese chaotische Viererbande setzte ich einige Hoffnungen; ihr lächerliches Konfliktpotential sollte ausreichen, der Serie seriösere Probleme zu ersparen. Zum festen Personal kam noch eine Jugendliebe des Helden, der ich alle Eigenschaften mitgeben wollte, die den meisten Männern an einer Frau gefallen: volles Verständnis für leere Versprechungen, exotische Schönheit und treudeutsche Tugenden. Als Gegenspielerin war eine böse Stiefmutter mit enormer krimineller Energie vorgesehen. Frau Waage war fast rasend vor Begeisterung.

Das teilte sie mir bei unserem zweiten Treffen mit, zu dem sie sich sogar bereit fand, mir in meiner Sommerfrische sehr weit entgegenzukommen; genau bis zur nächstgelegenen größeren Stadt, die über einen Passagierflughafen verfügte. Auf einer Hotelterrasse überschüttete sie mich mit Komplimenten, bat mich dann, mein Handlungsgerüst mit einer Figur zu unterstützen, die neben den vorhandenen komischen wenigstens ein tragisches Element verkörperte. Wir einigten uns auf eine todkranke kleine Schwester des Helden, die zur größten Herausforderung für seine persönlichen Trainingsmethoden werden sollte.

Mir gefiel vor allem das Tempo, in dem dies Projekt Gestalt anzunehmen schien, denn eine gewisse Unbedenklichkeit hatte ich bei TV-Produzenten und –Redakteuren seit langem vermißt. Als müßten sie das Halbseidene ihres Gewerbes durch besonders krachlederne Zähigkeit im Bedenkentragen verschleiern, hatte ich mich von ihnen im Vorwärtsdenken oft behindert gefühlt.

Davon konnte bei dieser Serie bis hin zum letzten Gespräch nie die Rede sein. In einem Zeitraum von knapp drei Monaten kam es zu einem halben Dutzend Arbeitstreffen und ebenso vielen Drehbuchfassungen.

Zunächst mußte ich bloß noch einige Klienten für mögliche Folgen skizzieren, dann sollte der Sender entscheiden. Da ich selbst immer wieder mit solchen Problemfällen am Rande zu tun bekommen hatte, fielen mir mühelos Kandidaten ein, die zu betreuen wären: für den Pilotfilm etwa einen schwulen Prinzen, der wenigstens auf seiner Hochzeit nicht allzu tuntig wirken soll, eine Ehefrau, die an die ewige Jugend glaubt und eine fett gewordene Boy-Group, die abspecken muß.

Ich skizzierte dazu noch die Probleme, die den Helden im privaten Rahmen permanent beschäftigen sollten, von seiner unerklärten Jugendliebe über die Sorge für seine kleine Schwester bis zum Kampf um das Ansehen des toten Vaters und sein Erbteil. Dazu diverse Verpflichtungen seinen drei alten Sportsfreunden gegenüber, die er einmal noch in alter Frische zum traditionellen Doppel auf einem Tennisplatz versammeln möchte, was natürlich notorisch scheitern und einen hübschen *running gag* abgeben sollte.

Der Sender entschied sich sofort: Noch im August mußte ich meine Ferien abbrechen und saß in München zum ersten Mal Frau Sonne gegenüber: einer Endzwanzigerin, die blond und unkompliziert wirken wollte, was ihr durch Haartönungsmittel und andauernde Betonung der eigenen Offenheit und Ehrlichkeit zunächst auch gelang:

Offen gesagt, seien bisher alle Action-Serien bei Pro7 ge-floppt, daher jetzt der Versuch, durch *family entertainment,* also Unterhaltung *für die ganze Familie aber nicht ohne Tiefgang* Zu-schauer für diesen Sender zu gewinnen, der bisher, *ganz ehrlich,* nur mit amerikanischer Abspielware Erfolg gehabt hätte. Der Sender setze nun die größten Hoffnungen in mich, was mich ebenso wie ihre rückhaltlose Zustimmung zu meinem Konzept sehr für sie und ihren Sender einnahm und sich in der Erteilung eines Drehbuchauftrags für einen abendfüllenden Pilotfilm aus-drückte. Ein letztes Mal sah sie mich aus ihren blaßblauen Au-gen flehend an, so als weihe sie eine höhere Macht in ihre läß-lichen Sünden ein: Was sie tue sei zwar, *offen gestanden,* unüb-lich, aber sie *gehe eben volles Risiko!* Eine ebenso ehrgeizige wie erfolgreiche Eigenproduktion müsse her, so schnell wie möglich, *Primetime* natürlich. Und *No Action* sondern *Fun* und *Human In-terest. Hausnummer,* sage sie jetzt mal ganz deutlich: »*Ally McBeal*«.

Da ich ein paar Folgen dieser amerikanischen Anwaltsserie gesehen hatte, glaubte ich Frau Sonne verstanden zu haben: Sie wollte eine halbwegs intelligente Gesellschaftskomödie für Er-wachsene mit pointierten Dialogen – und die sollte sie haben. Seit Helmut Dietls »*Kir Royal*« hatte es diesen Versuch, falschen Glanz und echtes Elend der Prominenz zu beschreiben, nicht mehr gegeben. Gewisse Einschränkungen, die Frau Sonne in Richtung Sozialverträglichkeit und Allgemeinverständlichkeit gemacht hatte, konterte ich mit einem Hinweis auf meine Lieb-lingsserie »*Die Simpsons*«, die doch als Trickfilm locker alles pa-rodiere, was an realem Stumpfsinn derzeit im Fernsehen geboten wurde. *Genau!* Frau Sonne strahlte: *Ally McBeal meets The Simp-sons* – natürlich unter deutschen Verhältnissen, nicht wahr!?

Nachdem mein Agent überraschend flott einen Vertrag über den Pilotfilm und elf weitere Folgen abgeschlossen hatte, der selbst ihm noch eine sechsstellige Provision einbringen würde, setzte ich mich in ein schönes Hotel und an die erste Drehbuchfassung. Ich packte alles hinein, was mir an komischen Szenen und flinken Dialogen einfiel, aufgereiht an lockeren Handlungsfäden, wie sie die Bande von Nichtsnutzen, die mir vorschwebte, eben nach sich zieht. Immer wieder ermutigt von Frau Waage, die mir sowohl telefonisch jede Unterstützung anbieten als auch durch kleine Präsente – mal ein Blumenstrauß, mal eine Kiste Rotwein –meinen Durchhaltewillen stärken wollte, was ich beides ebenso nett wie überflüssig fand, denn die erste Fassung ging mir noch leicht von der Hand.

Und kaum hatte ich nach vier Wochen das letzte Wort geschrieben, wartete schon ein Expressbote, um alles nach Köln zu bringen.

Der Rückruf von Frau Waage enttäuschte mich leise: Sie habe zwar sehr oft laut lachen müssen, aber die entscheidende dramatische Verwicklung, den *main plot,* habe sie auch beim zweiten Lesen nicht gefunden. Als ich ihr sagte, es gebe im strengen Sinne auch keinen, da im Fernsehen meiner Meinung nach größere Zusammenhänge weniger wahrgenommen würden als kleinere Kunststücke, meldete sie Diskussionsbedarf an.

Wir trafen uns in einem Kölner Hotel, und sie überzeugte mich in einem längeren Gespräch, das ihr Assistent Herr Wicht akribisch protokollierte, davon, daß mein Held und ich einige Motive ernster zu nehmen hätten, um nicht allzu leichtfertig die *Sympathien des Zuschauers* zu verscherzen. Ich strich also einige besonders zynische Scherze und ersetzte sie durch sympathischer wirkende Ironie.

Dies Argumentieren mit den angeblichen Sympathien eines vorgestellten Zuschauers sollte von nun an immer wieder gegen meine Absichten verwendet werden, auch und gerade in der letzten Konferenz, auf die ich gleich zurückkomme, da mir dort eigentlich erst klar wurde, worauf ich mich eingelassen hatte.

Die erste Drehbuchkonferenz nach der Überarbeitung hatte sich noch anders angehört: Der Dialog wurde von Frau Sonne lang und breit gelobt, der müsse unbedingt erhalten bleiben, *Komplett!* – um ein paar ernsthaftere Untertöne ergänzt allerdings: Die kleine Schwester, die gelähmte, werde noch allzu stiefmütterlich von mir behandelt, und wenn ich mir womöglich noch ein echtes Eheproblem ausdenken könnte, eines, das jeder Zuschauer selbst aus Erfahrung kenne, dann wäre sie, Frau Sonne, ehrlich gesagt, *total happy.*

Kein Problem: Der kleinen Schwester hängte ich außer der unheilbaren physischen Lähmung auch noch eine psychische an, die erst brachial gebrochen werden muß. Und ich erfand eine unattraktiv gewordene Ehefrau, für die ich leider meinen schwulen Prinzen opfern mußte. Die Eifersüchtige legt es nun darauf an, ihren Gatten ihrerseits so eifersüchtig wie möglich zu machen, was am Ende zur vollständigen Zerrüttung der gefährdeten Ehe führt.

Ich erwähne das als gutes Beispiel dafür, wie ein Komödienmotiv im Laufe der Bearbeitungen ins Tragische vertieft wird: Aus der leicht gelifteten Gattin ist bis zu jenem letzten Gespräch, in das wir jetzt wieder einsteigen wollen, eine schwere Alkoholikerin geworden, die sich nur mehr zwischen Mord (an ihrem Ehemann) und Selbstmord (an sich selbst, versteht sich) entscheiden kann. Doch auch das wird Frau Sonne nicht weit genug gehen: Alkoholikerin sei schon *ein geiles Motiv* – doch warum erfahre man davon erst im Verlauf der Handlung, das müsse man in der ersten Szene bereits ganz klarmachen: *schlicht und ergreifend!* Die Frau müsse sofort wieder an der Flasche hängen, *glasklar!*

Mein Einwand: Es bringe erfahrungsgemäß wenig Spannung, den Zuschauer von Anfang an auf dem selben Wissensstand wie die Figuren zu halten, allmähliche Enthüllung erst schaffe *suspence* etc. wird vom Tisch gefegt: Frau Sonne meint – nein, sie *weiß* – immer wieder korrigiert sie ihre Wortwahl, wenn ihr ein

Verb herausrutscht, das Spielraum für Diskussionen offenließe – ja, sie wisse, wie man Geschichten zu erzählen habe, das sei *schließlich schon seit Urzeiten* so gewesen, dazu brauche man nicht *Drehbuch studiert* zu haben, was Frau Sonne natürlich hat, wie sie betont ...

Das Lehrbuch über »*Die Reise des Helden*«, in dem diese Behauptung am Beispiel der Odyssee aufgestellt wird, kenne ich auch, fand es jedoch nicht vollkommen überzeugend. Wie überhaupt kein schlüssiges Rezeptbuch zur Herstellung erfolgversprechender Drehbücher existieren kann – gäbe es dergleichen, woher kämen dann die vielen erfolglosen Versuche, für deren Verfilmung eben das Fernsehen verantwortlich ist, und von denen auch PRO7 schwer betroffen war. Gerade für Komödien, die ja nicht zuletzt von Überraschungen leben, gibt es bestenfalls Strickmuster, deren Erfüllung oder Variation Lacherfolge jedoch nie garantieren können. Und wenn man sie willkürlich genug reduziert, läßt sich jede Geschichte auf ein klassisches Vorbild zurückführen: In meinem Falle wird der Held in die Vergangenheit seines verstorbenen Vaters verstrickt und soll verhindern, daß dessen Ruf in den falschen Hals und sein Erbteil in die falschen Hände gerät. Rache kommt auch ins Spiel – wer dächte da nicht an »Hamlet«?

Ich zunächst nicht, denn meine Geschichte sollte ja eine Komödie werden – das war sie allerdings längst nicht mehr, dafür hat schon Herr Hagen gesorgt, ein Co-Autor, der mir seit der dritten oder vierten Fassung vor allem in formalen Fragen assistierte, indem er – weniger zu meiner als vielmehr zur Beruhigung der Produktion – jeweils attestierte, ob jetzt der *Subplot* auch ordnungsgemäß zum Ende des zweiten Aktes kulminierte oder nicht. Herr Hagen hatte zuvor als Kameramann für *special effects* gearbeitet und machte tatsächlich schon vormittags den übermüdeten Eindruck eines Mannes, der in der vorigen Nacht diverse Probesprengungen für einen Katastrophenfilm exekutiert hat. Natürlich kann man einem solchen Mann nicht zumuten, witzig zu sein, Herr Hagen beschränkte sich also, ganz im Sinne der Produktion, auf melodramatische Effekte.

Und so wird aus meiner geschwätzigen Gesellschaft ein Haufen schweigsamer Problemfälle und aus einer Handlung, die meinetwegen als Parodie des Hamletmotivs (Im Auftrag des toten Vaters übernimmt ein willensschwacher Held eine Rachemission, an der ihn verschiedene äußere Umstände letztlich scheitern lassen) angelegt war, wird eine eher Rambo gemäße Rächerpistole.

Und den Dialog müsse man »sowieso schlankmachen.« Ihr sei aufgefallen, dass man oft den ersten und den letzten Satz weglassen könne. Als ich ihr die damit verbundene Absicht erkläre, die Figuren in solchen Szenen überlappend sprechen zu lassen, um das Tempo dadurch wie in Srewball-Comedies – fällt sie mir prompt ins Wort: »Srewball« – wenn sie das schön höre! »Action« sei hier angesagt, möglichst überraschungsfrei nach de m Motto, das Frau Sonne in unserem letzten Gespräch ausgibt: *Durchstarten und Hackengas geben!*

Denn ihr geht meine Kompromißbereitschaft noch längst nicht weit genug: Im Besitz ihres Wissens um wirkungsvolle Dramaturgie und Drehbuchgestaltung, werden nun nach und nach alle drei *Mainplots* als zu schwach befunden – *letztlich geht es doch immer nur um Lieb und Tod!* Behauptet sie mit Reich Ranicky, ohne ihn ausdrücklich zu zitieren. Autoren müßten mehr Mut zu Extremen zeigen, alles auf die Spitze treiben, höchstmögliche Fallhöhen schaffen, mit einem Wort: *Hackengas geben!*

Mein Einwand: Die Geschichte in gemäßigten Spannungskurven verlaufen zu lassen, sei schon Absicht gewesen, um eine gewisse Leichtigkeit nicht zu verlieren und trotz der drei Hauptmotive: Alkoholismus, Muskelschwund und Selbstmord eine komödiantische Grundstimmung nicht ganz zu verlieren ... Immerhin – erinnere ich sie – war beim ersten Gespräch »Ally McBeal« als stilistisches Vorbild genannt worden – jetzt ist plötzlich von »*Magnum*« *ohne Revolver* die Rede und aus meinen *Simpsons* sind sinistre *Superman* –Sympathisanten geworden.

Ich höre mich plötzlich von *meinem »Stilgefühl«* sprechen – und das hört Frau Sonne gar nicht gern: Mein »*Stilgefühl*« sei schlicht falsch. Das gesamte »*Serienpotential*« liege im *positiven Appeal* des Helden, der schwierigste Probleme auf einfachste Art lösen müsse, um allgemein bewundert werden zu können – wie zum Beispiel *ein Boris Becker* ...

Bei Nennung dieses Namens runzle ich erstmals zweiflerisch die Stirn – das hätte ich besser nicht tun sollen, denn jetzt wird es lauter:

Das Leben – *und hier geht es um das Leben!* – verlaufe auch nicht so gemäßigt, und die Kunst müsse ohnehin alles noch übertreiben, und zwar folgendermaßen:

Die kleine Schwester muß zu einer Flucht im Rollstuhl bewegt und die lebensmüde Säuferin in einen Mord- und/oder Selbstmordversuch getrieben werden, wenn man das beides *combinen* könne ... Frau Sonne verliert sich kurz in blutrünstigen Träumereien von Verfolgungsjagden, Verbrechen aus Leidenschaft und ähnlichen *Points of Interest* ... Ach, und schon die Vorstellungsszenen müßten dramatisch sein: Nur *action* sei geeignet, den Zuschauer an diese Sendung zu fesseln, extreme Schwierigkeiten und kühne Lösungen, *positive Energien*! ...

Mein Einwand: Dann bleibe ja gar kein Platz mehr für komische Passagen, von denen jetzt schon die meisten eliminiert worden seien, denn das Positive und das Komische seien bekanntlich seit jeher Erbfeinde, wird gekontert mit einem Hinweis auf *Hamlet!* Ausgerechnet Hamlet – vermutlich ist der Name, den ich in einer früheren Drehbuchfassung in einer Art Ratespiel untergebracht hatte, an dem sich verschiedene Personen beteiligen, die alle eine sehr eigenartige Inhaltsangabe des Stückes anbringen – *Hamlet* ist Frau Sonne jedenfalls im Hinterkopf geblieben, und kommt ihr jetzt gleich nach *Boris Becker* über die Zunge: Was mache schließlich die zeitlose Beliebtheit dieses Stückes aus? Ich weiß es nicht. Sie sagt es laut: *Shakespeare läßt es krachen!*

Ich lasse es noch nicht krachen – denn jetzt wird erst zum Schwur gebeten: Wenn der Autor es nicht krachen lassen wolle, könne er gehen und man werde die Sitzung hier beenden. Im Namen des Senders droht Frau Sonne mit sofortigem Abbruch der Beziehungen – tut dann aber nichts dergleichen, obwohl ich ihr keineswegs beipflichte sondern bereitwillig aufgestanden bin ...

Dafür wirft sich Frau Waage zwischen mich und die Tür; sie hält mich zurück und wird prompt verdächtigt, sie habe mich wohl schlecht *gebrieft,* wenn ich nicht endlich einsehen wolle, daß nur positive Helden dem Zuschauer sympathisch seien – *Positiv wie Hamlet?,* frage ich – und die Damen nicken synchron: das sei doch nur mehr *ein kleiner Dreh,* bittet Frau Waage, daß der Held alle Probleme positiv löst, statt sich darin rettungslos und komisch zu verstricken! Und Frau Sonne erklärt mir die einzige Schwäche des »Hamlet-Plots«: Daß der Held am Schluß selbst gestorben ist und damit unbrauchbar wird als Serientäter.

Mein Einwand: Wenn sämtliche Plots nach dem selben Schema ablaufen (Held rettet hilflose Unschuld) könne das leicht langweilig werden, treibt Frau Sonne zu einem folgenschweren Bekenntnis: Heute morgen in der S-Bahn habe sie eine Frau beobachtet, vertieft in die Lektüre einer Frauenzeitschrift – und was habe diese einfache Frau wohl so intensiv beschäftigt? Die Kolumne *»Fragen Sie Doktor Kummer«* oder so ähnlich. Und die enthalte stets das Gleiche:

Lebenshilfe! Und ein solcher *Lebenshelfer* müsse auch unser Held werden, gerade auch für eine solche Frau, denn *das ist doch unser Publikum!* Und dieses unser Publikum wolle nun mal *keine langen Dialoge,* sondern kurz und bündig:

Lebenshilfe! – übrigens sei der favorisierte Hauptdarsteller auch gar nicht in der Lage, so viel Text zu lernen ...

Deswegen wiederhole sie die Parole: *Durchstarten und Hacken-gas geben!*

In zwei Wochen müsse ein neues Drehbuch vorliegen, das diesen Ansprüchen (von denen ich jetzt nur ein paar aufgeführt habe, da der Rest mir partout nicht mehr einfallen möchte) genüge – ob das endlich verstanden worden sei? fragt Frau Sonne mit dicht bewölkter Stirn.

Ich nicke wie in Trance, denn endlich habe ich mein Erwekkungserlebnis gehabt und mich vom Paulus zum Saulus zurückverwandelt: Vollkommen verlogene Lebenshilfe für ein angeblich anspruchsloses Publikum – das war es doch wohl, was ich immer schon geben wollte. Dummerweise kann ich es nicht.

Frau Sonne mißdeutet mein Nicken und fährt fort, über positive Werte, wie Freundschaft, Liebe, Quote zu referieren, offenbar hat sie auf diese Gelegenheit gewartet, denn zu bremsen ist sie nicht. *Das Fernsehen hat schließlich auch eine Verantwortung,* sagt sie, *und diese Verantwortung trage ich.* Sie meint sich. *Ob ich* – jetzt meint sie mich – *diese Verantwortung mittragen wolle.* Ich nicke noch immer, versunken in meine Meditation. *Packen wir´s an!* ruft Frau Sonne. Und immer wieder: *Hackengas geben!*

Ich versuche, ihren Monolog, der zeitweise mit fast religiösem Eifer vorgetragen wird, an dieser Stelle mit der Bemerkung abzubrechen: Darüber müsse ich *nachdenken* – doch das ist nun gar nicht im Sinne von PRO7: Nicht denken – *machen!* jubelt Frau Sonne. Und zwar im Sinne dieser *genialen Aral – Werbung* – sie schaut mich erwartungsvoll an: »*Alles super!*«

Solche Parolen schreibt sich die namenlose Praktikantin säuberlich in ihr Merkheftchen. Herr Hagen atmet schwer durch, sei es, weil er das Ende der Sitzung kommen sieht, sei es, daß er die Änderungsarbeit voraussieht, die auf ihn zukommt. Frau Waage nimmt endlich ihre Hand von meinem Unterarm, ihr Lächeln, das sie mir schenkt, wirkt irgendwie unsicher.

Frau Sonne aber schaut zur Uhr und ächzt unter dem Diktat der Zeit. Ganz rosa Bäckchen hat sie vom Missionieren bekommen! Noch glüht sie vor Eifer, doch schon ruft wieder der eilige Geist. Ein letzter Blick aus ihren strahlblauen Augen, dann springt sie auf, reicht mir eine kleine heiße Hand, schüttelt die meine kräftig und verläßt den Saal, um sich mit der keuchend Schritt haltenden Frau Waage zu einem produktionstechnischen Privatissimum zurückzuziehen.

Mir bleibt das betäubende Gefühl, einer Art Hirnwäsche unterzogen worden zu sein, den Stil kenne ich von Lehrvideos der Scientology-Sekte, die ich mir zu Studienzwecken einst in Amerika besorgt hatte: Die Standpauke ist so sinnlos, daß Widerstand zwecklos wird. Die ausgestrahlte Energie mag ausreichen, um ein mittelgroßes Oberstübchen zu erleuchten – man fragt sich nur: Wozu? Denn eigentlich hat doch dort zuvor gar keine Verdunklungsgefahr bestanden?

Als ich meinen Co-Autor, dem unsere letzte Fassung gestern noch so gut gefallen hatte, und der dieser Sitzung fast schweigend gefolgt war, frage, was er nun zu tun gedenke, sagt er nur: *Augen zu und durch!* Ich teile ihm vorsichtig mit – irgendwie werde ich in diesem Raum das Gefühl nicht los, abgehört zu werden – daß mir gerade die Augen geöffnet worden sind, und ich für diesen Sender lieber nichts mehr tun und alles lassen wolle, was in seinem Sinne sei. Wieso?

Weil die Grundsätze von Menschen, die ihren subjektiven Glauben mit objektivem Wissen verwechseln, schwer zu diskutieren seien, sagte ich, und da er nicht reagierte, fragte ich ihn, ob er nicht sähe, was für einen Bastard wir hier zur Welt bringen sollten? Ein Melodram, das auf komischen Charakteren aufbaue! Bei einem Melodram konstruiere man bekanntlich den Konflikt und setze die Charaktere, die für Gefühle stünden, deren Zeitlosigkeit man postuliere, hinterher ein usw. Ich habe selten ein weniger sagendes Achselzucken gesehen.

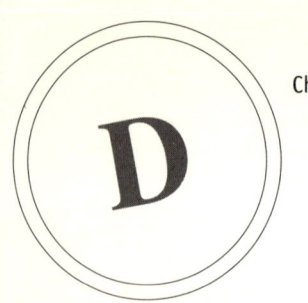

Christoph Geiser

Die Traumverlegerin

Meine langjährige Lektorin und Verlegerin, unsere Zusammenarbeit begann 1976, 1984 gründete sie ihren eigenen Verlag, 1998 hat sie den Verlag verkauft und sich aus dem Erwerbs-Leben zurückgezogen, um sich dem Studium der Sinologie zu widmen – ein im Grund falscher um-zu-Satz, ich weiß, doch ich lasse ihn aus letzten Endes stilistischen und somit ästhetischen Gründen stehen –, geisterte, der Natur gemäß, öfters durch meine Träume. Drei dieser Träume scheinen mir hier mitteilenswert, weil sie im Grund mehr über die Bedingungen meines Schreibens aussagen, in verdichteter Form, der Natur von Träumen gemäß, als es umständlich gefertigte Werkstatt-Berichte oder offengelegte Bilanzen vermöchten. Meine Arbeitshefte, gemäß Schenkungsvertrag mit der Schweizerischen Eidgenossenschaft bereits heute im Besitz des Schweizerischen Literaturarchivs, möge die hierzu berufene & befähigte Wissenschaft zu gegebener Zeit auswerten, die Tagebücher, nicht identisch mit den Arbeitsheften, bleiben bis zu meinem Ableben gesperrt: Mit jedem Versuch nämlich, sie, auch nur auszugsweise, im Hinblick auf eine allfällige Publikation, unter unterschiedlichen Aspekten, zu bearbeiten, bin ich, allein schon an der zwangsläufigen Veränderung des Schriftbildes, jeweils sofort gescheitert. Auch die Tempi sind da ein schier unlösbares Problem von Dezenz & Distanz.

Item. Der erste Traum, der hier zu berichten ist, fällt ins Jahr 1979; ich war in Verzug geraten mit der Fertigstellung meines zweiten Romans, meine spätere Verlegerin, damals noch Cheflektorin im Angestelltenverhältnis und ganz Dame im Pelzmantel, hatte mir, in einer Bar in der Nähe des Züricher Opernhauses, ich weiß nicht mehr, warum wir uns ausgerechnet dort trafen, unmißverständlich mitgeteilt: wenn Sie jetzt nicht abliefern, mache ich Kleinholz aus Ihnen – eine ihrer mir mittlerweil vertrauten Übertreibungen aus pädagogischen Gründen, doch die Bedeutung einer möglichst unverzüglichen Publikation des zweiten Romans nach dem Achtungs-Erfolg des ersten war uns ja beiden bewußt. Ein junger Autor braucht den Erfolg und kann sich mit der Achtung allein nicht begnügen. Ich mochte dennoch nicht auf den Mittagsschlaf, eine halbe Stunde täglich, verzichten; überdies litt ich an einer leichten Erkältung und/oder Grippe. Mir träumte, meine Verlegerin (damals, wie gesagt, erst Chef-Lektorin, doch im Grunde war sie von allem Anfang unserer Zusammenarbeit an meine Verlegerin & nichts sonst & niemand anders), habe mich an dem runden Tisch in ihrem Verlags-Büro, an dem für gewöhnlich unsere langwierigen (und mitunter harten) Verhandlungen stattfanden, davon überzeugt, daß sich meine Hände besser verkaufen ließen als meine Bücher. Wie damals noch in den meisten der Fälle hatte ich mich schlussendlich überzeugen lassen. So sandte sie mir, gewissermaßen als Vollstrecker unserer getroffenen Vereinbarung, den Vertriebsleiter des Verlags ins Haus – ein sanfter Mensch von heiterer Gemütsart, den ich in weißen Turnschuhen in Erinnerung habe (und der sich, übrigens, schon vor Jahren in den Immobilien-Handel abgesetzt hat). Der leichte Schmerz an den Handgelenken, in der Gegend der Pulsadern, war wohl – real – eine Folge des mutmaßlich eben doch *grippalen* Infekts. Ich besuchte die Druckerei während der Produktion – was ich in Wirklichkeit nie getan habe, so ohne weiteres auch gar nicht hätte tun können, weil schon damals, obwohl jener Verlag noch eine eigene Druckerei in der Schweiz betrieb, aus Gründen der Kostenersparnis auswärts gedruckt wurde – ich weiß nicht mehr wo. Eine Fabrikhalle von gewaltigen Ausmaßen, in der ich mir so recht winzig vorkam; Kranarmgestänge, Gabelstapler von riesenhafter Gestalt, die übermannsgroße Holzkisten – recht eigentlich Holz-Container – auf wartende Lastwagen verfrachteten. Da drin – bedeuteten mir die Fahrer der Gabelstapler von ihren hohen Sitzen herab, lächelnd und, wegen des ohrenbetäubendes Lärms, wie er in jeder Druckerei herrscht, stumm – da drin, ich wusste es ja, sind meine Hände: zehntausendfach …

Einwenig eitel, nicht wahr, sind wir doch alle. Wer denn ginge nicht, am Tag des Erscheinens, diesem Erstverkaufstag, oder zumindest wenige Tage nach dem Auslieferungstermin, möglichst unauffällig, einwenig geniert – aber quasi unaufhaltsam – zumindest in seiner Heimatstadt von Buchhandlung zu Buchhandlung, von Langs (resp. damals eigentlich Fehrs) zu Hubers, zu Frankes (die's nicht mehr gibt), zu Scherz (der sich mittlerweil auch zurückgezogen hat, ich weiß nicht wohin und/oder in was), zu Stauffachers schließlich, dem ersten Haus am Platz (Jäggis gab's damals in Bern noch nicht: und der gehört mittlerweil, hört man, schon nicht mehr sich selbst) – einfach um mal zu sehen, ob's, und gegebenenfalls wie's im Schaufenster präsentiert wäre. Ja – da lag's, und in allen Schaufenstern, bei Fehrs, bei Frankes, bei Scherz, bei Stauffachers gar, und nichts sonst, und nichts anderes: meine Hände; schwarz, schrumpelig, mumifiziert. Einwenig erschrocken bin ich dann doch – aber abgeliefert habe ich pünktlich zum vereinbarten Termin.

Mein dritter Roman erschien im ersten Programm des neuen Verlages, nachdem meine Verlegerin sich selbständig gemacht hatte. Ein Risiko. Ich hatte in meinen literarischen Anfängen, kurze Zeit als Druckereihilfsarbeiter und, für den gleichen Betrieb, dilettierender Verlagsvertreter tätig, noch hautnah miterlebt, wie sich das Konkursamt der Stadt Bern Ende der sechziger Jahre schlagartig in eine Verlags-Buchhandlung verwandelte und der Amtsvorsteher und sein Stellvertreter, Herr Ochsenbein und Herr Rinderknecht, Hut auf Durst, wie man sagt, den Villiger-Stumpen im Maul, von Druckerei zu Druckerei, von Verlag zu Verlag zogen und die Bestände sicherten. »Sitt wänn heittr dä Italiänr da?« – mit Blick auf mich, als sie auch in dem hoffnungsvollen Jungunternehmen, in dem ich arbeitete, Einzug hielten (der Unternehmer hat sich, dem Vernehmen nach, wenig später aufgehängt). Ja, ja. Mitgegangen, mitgefangen. Man gehört dann zum Bestand, zu den Mobilien und den Immobilien, zur Manövriermasse quasi – Masse ohne Macht! – und wie schnell ist man da der *** im Verein, ganz egal ob nun Hilfsarbeiter oder Autor ... Item. Wir waren die einzigen Fahrgäste im

Anhänger eines blau-weißen Züri-Trams, das flott eine steile Straße hochfuhr. Ich stand schon an der Tür, meine Verlegerin lehnte am rückwärtigen Fenster – mir abgewandt, wie oft, wenn wir miteinander sprachen, außerhalb der direkten Konfrontation in Büro-Räumen, sei's auf langen Spaziergängen auf den Hochebenen von Most-Indien, wie man den Thurgau nennt, oder auf einem Bänkchen vor dem Bundeshaus in Bern, in Betrachtung des Alpenglühns. Dieses sanfte, quasi Bachmannsche Beiseite-Sprechen, nannte ich es bei mir; eine leise, tonlose Stimme, eine entspannte Körperhaltung. Natürlich sah ich sofort, dass der Tram-Anhänger sich abgekoppelt hatte – im letzten Wagen! Leonhard Frank!, dachte ich gleich: nur jetzt keine Panik. Meine Verlegerin schien nichts bemerkt zu haben und schaute unverändert zum Fenster hinaus, in dieser etwas verdrehten Körperhaltung, die mich jetzt, bei genauerer Überlegung – und im Rückblick – auch ein wenig an die Haltung der berühmten Salzsäule erinnert, nicht im Pelzmantel (oder der Pelzjacke) übrigens, sondern in einem schlichten Regenmänteli. Schließlich, als der Anhänger, beschleunigend, immer schneller talwärts und folglich rückwärts fuhr – bachab! bachab! –, wagte ich doch die Frage: Soll ich die Notbremse ziehen? Ach – antwortete sie, ohne sich umzuwenden und in unverändertem Tonfall, als spräche sie quasi zum Fenster hinaus: Ach – wart noch ein bisschen. Und – tatsächlich: am Ende des Gefälles zogen die Tramschienen eine weitausholende Kurve, leicht nach innen geneigt, so dass der führerlose Anhänger von selbst verlangsamte und präzis an der Tramhalte Beethovenstraat stoppte: wo schon eine unüberblickbare Menschenmenge offenkundig nur darauf wartete, zu uns einsteigen zu können …

Hast du Angst gehabt?, fragte mich meine Verlegerin, als ich ihr Jahre später, ihr Verlag hatte sich längst etabliert, diesen Traum erzählte – in einer Gartenwirtschaft in Klagenfurt übrigens, anlässlich meiner dritten (!) erfolglosen Teilnahme am Wett-Lesen um den Ingeborg-Bachmann-Preis, zu dem ich mit einem Text angetreten war, der, sowohl ironisch als auch emphatisch, unter dem Titel »Wunschangst«, eine masochistische

Phantasie und/oder Obsession inszeniert und/oder zelebriert und erst in Bad Münstereifel, anlässlich der berühmten Autorentreffen, eine (literarisch) verständnisbereite Zuhörerschaft fand ...

Item. An meinem fünften Roman – beim vierten gab's nichts zu träumen – wäre ich beinahe, und: endgültig gescheitert, kein Wunder. Der Fall der Berliner Mauer und der Kollaps des (real existierenden) Sozialismus, mithin der gnaden- & grenzenlose Sieg und/oder Triumph des (Dschungel-) Rechts des ökonomisch Stärkeren, der Golf-Krieg überdies, augenfällige Zelebration eines sauberen Sadismus oder die Fortsetzung des Computer-Spiels mit anderen Mitteln, platzten mir mitten in die Arbeit an meinem »Gefängnis der Wünsche«, in dem ich den Marquis de Sade und Johann Wolfgang von Goethe einvernehmlich, quasi im Zeichen des Regenbogens der Versöhnung, zusammenzuführen versuchte, an & für sich schon ein Unternehmen von nicht zu geringem Schwierigkeitsgrad, das nun noch zusätzlich kompliziert wurde durch (politische) Gegenwartsbezüge, die nicht zu verdrängen waren. Dass ich im Laufe der Arbeit, die sich über beinahe fünf Jahre hinzog, was zur Folge hat, dass ich den Traum, von dem nun abschließend zu berichten ist, aus dem Gedächtnis nicht mehr mit hinlänglicher Genauigkeit zeitlich situieren kann – und meine Tagebücher lagern nicht in meinem hauseigenen Panzerschrank (»feuerhemmend« nur), sondern im Banksafe, der, nachdem Bank*verein* und Bank*gesellschaft* fusioniert haben zur UBS, mit der gesamten Tresoranlage in einen Raum von beängstigender Ungemütlichkeit verlegt wurde, der sich nicht eignet um in den Tagebüchern, mit der dafür notwendigen Gemütsruhe, nach einem Traum zu suchen – auch Peter Weiss' Marat/Sade-Stück (wieder) las, wie, weiß Gott, so vieles, spielt für das bessere Verständnis insofern eine gewisse Rolle, weil allein die in dem Traum vorkommende, ja allein schon *räumlich* zentral situierte Badewanne den für mich völlig unmissverständlichen Bezug herstellt zu meiner Romanarbeit, respektive die Verbindung zwischen Traum und Roman, obwohl weder Jean Paul Marat noch seine berüchtigte Badewanne in meinem Roman irgend eine Rolle spielen. (Im Nachhinein wären natürlich, genaue Datierung vorausgesetzt, noch andere, außerliterarische Connotationen der Wanne im Traum denkbar, doch da es sich, wie Sie gleich sehen werden, um einen eminent literarischen Traum handelt, ist die literarische Connotation der Wanne die der Natur gemäß einzig relevante, wie ja überhaupt auch Wannen & Träume für einen Schriftsteller, als Schriftsteller, nur dann relevant sein können, wenn sie literarisch connotiert sind, wie so vieles, ja recht eigentlich beinahe alles). Item. In Samuel Becketts Theaterstück »Glückliche Tage«, das im Hinterhof meiner ersten Berliner Wohnung an der Eisenacherstraße 118, wo ich mit einem Stipendium des Deutschen Akademischen Austausch-Dienstes (DAAD) 1983/ 84 gelebt hatte, in der Wohnung, übrigens, der berühmten (und von mir in ihrer Eigenschaft als Wohnungsinhaberin gefürchteten) Objektkünstlerin Rebecca Horn, als Abendvorstellung gegeben werden sollte, einem typischen Berliner Hinterhof, den ich, als Bewohner des Vorderhauses, eigentlich nur zu betreten mich genötigt sah, um in den dort bereitgestellten Tonnen meinen Haushalts-Müll zu entsorgen, sollte ich die Rolle des Sohnes von Winnie und Willie spielen, den es in Wirklichkeit, das heißt im Stück, was mir aber im Traum nicht bewußt war, nicht gibt, und der am Ende seine Eltern ermordet.

Wir waren schon bei der Generalprobe angelangt; am Abend würde die Premiere steigen; Winnie war in ihrer Badewanne schon beinahe gänzlich verschwunden, Willie krabbelte mit letzter Kraft um die Badewanne herum – eine altmodische, eiserne, weiße Badewanne auf vier Füßchen mitten im Hinterhof, anstelle des von Beckett vorgeschriebenen Erd-, Gras oder Sandhügels, ein gelungener Regie-Einfall eigentlich –, während meine Regisseurin, irgendwo im Hinterhaus an ihrem Regiepult, sich mit meiner Requisiteurin, die ebenfalls meinen Blicken verborgen irgendwo im Vorderhaus waltete, via Funktelefon, man sprach damals, glaube ich, noch nicht von Handys, über das geeignete Instrument, mit dem ich am Ende meine Eltern zu ermorden hätte, stritt; man hörte nur den aufgeregt knisternden Sprechfunkverkehr, die verfremdeten Stimmen – was ja technisch, fällt mir eben ein, nicht möglich ist; mutmasslich, also, ein freundlicher

Akt des träumenden Geistes: die Verfremdung einer im Grund alltäglichen Hinterhof-Szene.

Item. Meine Requisiteurin war der Meinung, eine Haushalts-Schere täte den geeigneten Dienst – was ja, fand ich, ganz gut zu den eigenartigen Utensilien, die Winnie aus ihrer Handtasche hervorkramt, gepasst und, wär' die Schere tatsächlich in Winnies Handtasche verborgen, überdies noch Gelegenheit zu einem effektvollen Handgemenge geboten hätte –, während meine Regisseurin mit der ihr eigenen Entschiedenheit für einen Spieß oder Speer plädierte: in der Art der Turnier-Lanze mittelalterlicher Ritter womöglich. (Das Who-is-Who der Szenerie war mir übrigens schon als Träumer bewußt – und dass es sich hier nicht etwa um eine plötzliche Persönlichkeits-Spaltung meiner Verlegerin, ein nichtmal im Traum vorstellbarer Vorgang, handelte. Hinter der [Sprach-] Maske der Requisiteurin, dieser Ausstatterin im Grund, verbarg sich eine damalige Mitarbeiterin des Verlags, die sich aber sehr bald aus dem literarischen Leben zurückgezogen hatte, um sich einer feministisch orientierten Ausbildung zur Psychoanalytikerin zu widmen – was nun kein falscher um-zu-Satz ist; wobei nun doch anzumerken wäre, um allfälligen Missverständnissen vorzubeugen, dass meine Verlegerin und ich während der langen Dauer unserer Zusammenarbeit über schier alle denkbaren syntaktischen, semantischen, ja semiotischen Gegenstände uns gelegentlich zu streiten gehabt hatten, am Ende, beim sechsten & siebten Roman, nur noch, allerdings wochenlang, über die angemessene Interpunktion – das Hand-Gemenge der Satz-Zeichen quasi, ein Endspiel –, niemals aber über einen um-zu-Satz, sei's nun ein richtiger oder ein falscher; im Gegenteil; unangetastet & unbestritten schließt mein vierter Roman, der, wie gesagt, zu keinem Traum Anlass gab, mit dem perfekten »um zu« schlicht & schlechthin.)

Item – während es nun schon allmählich dämmerte & einnachtete, noch immer war der aufgeregte Sprechfunkverkehr, die Meinungsverschiedenheit meine Mordwaffe betreffend, zu hören, fiel mir plötzlich mit Entsetzen ein, dass ich ja keinen Text hatte; keinen Text wusste; meinen Text nicht kannte! Ich brauchte aber einen Text – nur soviel wusste ich. Es war beinahe schon ganz finster; im Durchgang, von der Straße her, sah ich die ersten Premierenbesucher sich nähern – Schattengestalten in langen Mänteln, Zylinder-Hüte auf dem Kopf, die mich an Edward Munchs Bild »Mädchen auf der Brücke« erinnerten, das ich immer, nicht nur im Traum, mit dem berühmten »Schrei« weniger verwechsle als vielmehr kompiliere & kombiniere. Die Zeugen einer Exekution, dachte ich, die den Gefängnishof betreten – doch noch bevor die Gestalten den Hof hätten betreten können, sah ich, an der Hauswand über dem Durchgang, die Schrift aufflammen – ja, mehr noch: eine Leinwand entrollte sich, verdeckte den Durchgang und bedeckte sich zusehends mit Schrift, als griffen die Flammen der Schrift auf die Leinwand über, ergriffen den Hinterhof, die ganze Szenerie, Willie, Winnie, den Müll in den Tonnen – mein Text! mein Text! – die Flammenschrift an allen Wänden: Mene, Mene, Tekel, U-pharsin ...

Glückliche Tage!, dachte ich, beim Erwachen, egal ob nun Speer oder Spieß; Requisiteurin oder Regisseurin; Regie oder Ausstattung; als bräucht's da am Ende nichtmal mehr einen Daniel.

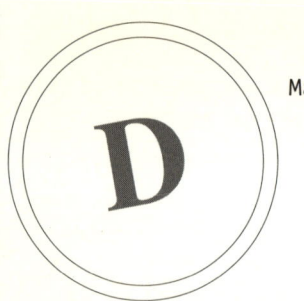

Martin R. Dean

Der blaue Elefant

Ein unerklärlicher Wunsch trieb mich wiederholt nach Melide bei Lugano, in die »Swiss Miniatur«. Es war der Drang, Abschied von diesem Land zu nehmen wie auch derjenige, hier endlich anzukommen. Solange mein Schreiben etwas mit der Schweiz zu tun hatte, würde ich immer Abschieds- und Ankunftsrituale begehen müssen. Die Kleinschweiz, in der man mit wenigen Schritten vom Basler Rheinhafen zur Kathedrale St. Pierre in Genf spazieren kann, war fast gleich alt wie ich. Gebaut wurde sie in meinen Knabenjahren, als mir ein wie immer lückenhaftes Bewusstsein zuzuwachsen begann. Stets lachte hier die Sonne über den Giebelchen und Fensterchen, wie sie über meiner Kindheit im Aargau gelacht hatte. Bei Regen, Nebel oder Schnee konnte ich mir diese Anlage nicht vorstellen. Hübsch, adrett und sozusagen in scharfgeschnittenen Bügelfalten präsentierten sich hier die Sehenswürdigkeiten der Schweiz wie in einem blumengeschmückten Festsaal, den man von einer Tafel zur anderen durchwandern konnte. Ich schritt vom Zeitglockenturm in Bern zum Luzerner Löwendenkmal bis zum Kolinplatz in Zug, wo ich gerade ein Gastjahr verbrachte.

»Unser Ziel«, las ich im Prospekt, »war eine symbolische Darstellung der Schweiz, die ganze Tätigkeit seiner Einwohner zeigend mittels einer Auswahl von Objekten aus jeder Gegend im Modell reduziert. (...) Durch die modernsten Verkehrsmittel bedient, Streike kennt man nicht, werden seine Einwohner ewig glücklich leben, ohne Soldaten, ohne Polizei, ohne Steuern. Entdecke dein Heimatland!«

Stets hatte ich eine Vorliebe für Prospektbeschreibungen und ihre Sprache, die sich oft sanft von dem Gegenstand, den sie ja genauestens beschreiben will, löst und interessante, meist unvorhergesehene Blasen bildet. Dieser Prospekt hier erzählte von der Utopie eines Kleinstaates, der jedoch, im großen und realen Maßstab, allen Utopien entsagte. – Wucherten andere Länder ins Monumentale und halsbrecherisch Gigantische und suchten die Freiheit unentwegt in der Weite des Westens, drängte die Schweiz mit strenger Bescheidenheit ins Kleine. »Um mir zu entsprechen,« hatte Alberto Giacometti gesagt,« müssen die Dinge klein sein.« Und Robert Walser verkleinerte sein Leben in Mikroschrift bis zur allerhöflichsten Unleserlichkeit.

Das Kleine steckte mir stets wie eine Gräte im Hals. Mit der Mundart konnte ich mich herausreden und gegen jede Großsprecherei und Angeberei abgrenzen. Wenn ich in Deutschland war, lächelte man jedoch milde über meine Sprache wie über eine Halskrankheit und begann mich, je länger der Abend wurde, spaßeshalber zu imitieren.

In der Kleinschweiz herrschte Sauberkeit und Stillstand; es fehlte der Wind der Geschichte, der Sturm von Katastrophen und Revolutionen. Das Klischee war hier Wirklichkeit geworden und förderte ein Gefühl der Vertrautheit. So und nicht anders entsteht Heimat, sagte ich mir, als dauerndes Wiedererkennen des längst Vertrauten. Ich hatte das Bedürfnis, mich auf der Stelle hinzulegen und das Bundeshaus zu umarmen. Die kleinen Häuser, die Menschlein, die Züglein und die Bäumlein setzten meine Phantasie in Gang. Die Miniaturen funktionierten wie ein Vergrößerungsglas, in dessen Brennpunkt die Realität kenntlicher wurde. »So ist die Schweiz!« rief ich plötzlich und begeistert einer Gruppe aufschreckender Japaner zu und begab mich zurück, an den Kolinplatz in Zug.

Zug gehört nicht zur Innerschweiz! Meinen Irrtum diesbezüglich mußte ich bald einsehen, nachdem ich meine einjährige Stelle als »Stadtbeobachter« – wie der Stadtschreiber dort genannt wurde – angetreten hatte. Mit einem Kleiderkoffer, Schreibmaschine, Papier, Zahnbürste und Ständerlampe im Auto fuhr ich in Zug ein, suchte die mir zur Verfügung gestellte Dachwohnung und landete, obgleich ich an der richtigen Kreuzung links abbog, dann aber immer weiter geradeaus fuhr, unversehens auf dem

Zugerberg. Dort ging ich, vielleicht etwas unpassend angezogen, kurz am Zuger Alpli spazieren und alle drehten sich nach mir um.

Meine Gastwohnung lag mitten in der Altstadt, die im Verruf stand, museal zu wirken. In dieser Altstadt gab es allerdings einige ausgezeichnete Speiselokale und eine Handvoll Bars, in denen man beim Eintreten sofort verstummen musste. Wer nicht verstummte, ging im Lärm der anderen unter und verließ frühzeitig die Bar. In den Bars versammelten sich also nur Leute mit kräftigen Stimmen, die der Musik nicht unterlagen. Ich stellte mich meist erst nach Mitternacht an den Tresen, dann zumal, wenn ich nichts mehr sagen wollte.

In den südlichen Ausläufern der Altstadt ging es ruhiger, ja, so idyllisch zu, daß ich mich oft dorthin bewegte. Es reihte sich ein Friseurladen an den anderen. Ging ich im Sommer durch die Gassen, verfolgte mich das lustige Klappern der Scheren, ein Geräusch, das Winters, da man bei Schnee die Türen geschlossen hielt, verschluckt wurde. Durch die beschlagenen Scheiben sah man dann die Scheren lautlos schnappen, sah die in Büscheln zu Boden fallenden Haare der Zuger Einwohner.

Kaum hatte ich das Amt des »Stadtbeobachters« angetreten, verfolgten mich die Klischees. Zug sei, flüsterte man hinter vorgehaltener Hand, gerade angesichts dieser sauber herausgeputzten, kopfsteingepflasterten und verkehrsberuhigten Altstadt nichts anderes als eine leblose, öde Miniaturschweiz. Hinter den altehrwürdigen Fassaden niste die Lethargie, es modere im Gebälk.

Meine Gastgeber waren neugierig auf den fremden, unverstellten Blick, den ich auf sie werfen würde. »Wie finden Sie Zug?« war eine mir oft gestellte Frage, die allerdings nie beantwortet werden wollte. Denn der Frage folgte eine Reihe kritischer Selbstbezichtigungen, in die einzustimmen nicht ratsam war, wollte man die Selbstbezichtiger nicht aufs Höchste beleidigen. Bleibende Kontakte ergaben sich dann, wenn ich energisch widersprach. Denn Zug, eine kleine Stadt zwischen zwei größeren, sah sich von einem ungünstigen Ruf bedrängt. Dank steuertechnisch vorteilhaften Konditionen hatte sich eine Reihe dubioser ausländischer Firmen hier niedergelassen, die meisten nicht größer als ein Briefkasten. Sie nährten den schlechten Ruf immer aufs neue. Und oben am Berg schrieb der Erfolgsautor Johannes Mario Simmel, den ich nie, nicht einmal beim Einkauf von Kaviar, zu Gesicht kriegte. Er war einfach nur hier, um Steuern zu zahlen. Ganz offensichtlich litt die Stadt unter dem Reichtum, den sie selbst als nicht ganz verdient hinzunehmen bereit war. Ich wollte nicht lange, nicht das ganze Jahr über darauf eingehen; mir schien der typische Zuger keineswegs übertrieben geldgierig. Er hatte gute Zähne, eine gesunde Gesichtsfarbe und das vermutbar Stumpfe, übertrieben Unbelebte, das sich des Geldüberschusses wegen in seinem Gesicht hätte einfinden können, fehlte nachweisbar.

Oft mußte ich aus Zug weg und kehrte doch immer wieder gern dahin zurück. Fuhr ich nach Zug ein, standen an Föhntagen die Berge wie trotzige, schneegepuderte Offiziere im Gegenlicht. Zu Füßen der Kameraderie lag der See.

Der See, der Zuger See, war das erste und einzige, was ich aus dem Fenster meiner hochgelegenen Gastwohnung aus sehen konnte. Zuweilen lag er glatt wie ein Bleispiegel da, dann wieder war seine Oberfläche aufgerauht wie der Schuppenpanzer eines Drachen. Schon nach wenigen Tagen wurde mir der Blick aus dem Fenster so lieb wie unentbehrlich. Das Seebild entsprach in immer wiederkehrenden Wellengängen meinem Unbewußten, ein Tagesbarometer, dem ich meine Verfassung entnehmen konnte. Blickte ich zum Fenster hinaus, wurde mir meine Stimmung diktiert. Trotz seiner Operettenhaftigkeit – die Schiffe beispielsweise wirkten gegen Ozeandampfer wie papierene Verkleinerungen, die tanzenden Bojen wiederum wie Inseln – las ich an ihm das Wetter und den Seelenzustand der Stadt ab. In den Schreibpausen rannte ich in alten Trainerhosen keuchend dem Seeufer entlang, sommers schwamm ich hinaus, bis das Ufer von mir abrückte und ich nur noch von Bergen umzingelt war.

Ich verbrachte viel Zeit damit, auf die wechselhafte Seefläche zu starren. Es war mein tägliches Ritual der Ankunft, das mich zugleich auch wieder wegtrug. Denn das Jahr zuvor hatte ich in Rom verbracht und glitt, gerade in Augenblicken der Selbstvergessenheit, nach Rom zurück. Der See, der sich weit gegen Süden hin erstreckte, trug mich fort. Statt über der perlgrauen Seefläche sah ich die Vögel unversehens über der Kuppel des Petersdomes kreisen. Überquerte ich mit gesenktem Blick die Ägeristraße in Zug, war ich plötzlich auf der Via del Corso im Getümmel der römischen Passanten und hörte das Plätschern eines Brunnens aus dem Grün eines Innenhofes.

In Zug aber saßen die Vögel in Volieren an der Promenade am Seeufer; Papageien, Kolibris, Sittiche und Eulen. Sie saßen in einem goldenen Käfig, wurden gemustert und beäugt und krächzten, je nach Laune, zurück.

Durch teilnehmende Beobachtung, so mein Auftrag, und anschließende Deskription sollte ich das Zuger Kulturleben bereichern. In Wirklichkeit wurde ich, der sogenannte Beobachter, unentwegt und mit Verve beobachtet. Zuweilen kam mir ein Einheimischer entgegen, dessen Pupille sich drohend weitete, bis ich vorbei war; dann drehte er sich nach mir um, so dass mir der Blick kitzelnd über die Schulter krabbelte.

Schreiben wurde hier für mich zu einer öffentlichen Angelegenheit. Einige Leute musterten mich scharf, als gelte es mit einem Blick herauszufinden, ob ihre Steuergelder an mir gediehen. Da meine eigentliche Tätigkeit, das Schreiben eines Romans mit dem Arbeitstitel »Der Guayanaknoten«, weder einsehbaren Sinn noch offenbaren Nutzen abwarf, befand ich mich dauernd in der Verteidigungsposition. Ich versuchte etwas zu verteidigen, was ich selber gar nicht als verteidigungswürdig betrachtete und das man, wollte man es verteidigen, nur noch mehr in Verruf brachte. Erblickte man mich auf der Straße, war ich offensichtlich gerade nicht am Arbeiten, sondern frönte der schieren Vergeudung von Steuergeldern. Saß ich aber am Schreibtisch, stetig Knoten um Knoten knüpfend und also meine Textur fortwebend, vernachlässigte ich offenbar meinen Auftrag, mit der Bevölkerung in Kontakt zu kommen.

Offene Feindschaften wurden mir nur wenige angetragen. Einige, die es versuchten, riefen mich in den Randstunden an und erkundigten sich mit erkennbar verstellter Stimme nach meinem gegenwärtigen Befinden. Dieses »Wie fühlen Sie sich, jetzt, im Augenblick?« war aber in der Regel zu unentschlossen vorgebracht, als dass es mich zu einem Sprung aus dem Fenster hätte bewegen können. Einer stellte sich im Morgengrauen als »Herr Kasperle« vor und empfahl mir, mich unverzüglich an die Arbeit zu machen. Solcherart zum Weiterschreiben gedrängt, glückte mir dann auch wider Erwarten rasch die eine oder andere Passage.

Aber entgegen den hochgesteckten Erwartungen, die gewisse Kreise an mich hegten, gelang es mir nur in den wenigsten Fällen, Feindschaften gebührend zu erwidern oder gar, sie am Leben zu erhalten. Nach drei, vier Monaten spürte ich ein nachlassendes Interesse an mir: zweifellos war ich da und dort zu versöhnlich aufgetreten. Mein fremdländisches Aussehen, das viel Neugier anzog, begann seine Wirkung zu verfehlen. Immer häufiger verwechselte man mich auf der Straße mit einem Tamilen oder Türken und redete mich, freundlich drohend, auf englisch, türkisch oder jener Mischung an, die aus einem rudimentären Schweizerdeutsch mit heftigen Wortumstellungen gemacht ist. Denn viele in Zug waren sich uneinig und hatten darauf gehofft, durch mein unversöhnliches Auftreten wieder an Einigkeit zu gewinnen.

Eingeladen von einem geneigten Leserkreis, erzählte mir eine Frau aufgebracht von einem Nachbarn, der seinerseits einen Nachbarn dabei beobachtet hatte, wie er auf frei herumfliegende Papageien schoss. Als ich es an der erwarteten Empörung und dem Ausstoß verächtlicher Worte fehlen ließ, rief mir eine ältere Frau am Tisch vehement zu: »Aber so was ist doch rassistisch!«

Auf dem Fuße folgte die Enttäuschung, wenn ich, statt das Zuger Großkapital und die Musealität der Altstadt anzuklagen, über das milde Klima oder die Schönheit des Sees ins Schwärmen kam. Auch die Restschweiz, zumindest die deutschsprachige Presse, wartete gespannt auf die baldige Entzweiung der Zuger mit ihrem exotischen Stadtbeobachter. Daß es mich in den Gazetten öfter denn je gab, verdankte sich weniger einer schriftstellerischen Leistung von mir als dem Umstand, dass der Posten des »Stadtbeobachters« in der Schweiz einzigartig war. Viel Prestige und viel Erwartung knüpfte sich an das Amt, sodass eines Tages sogar der sympathische Präsident des erfolgreichen Eishockeyverbandes mit der Bitte bei mir vorstellig wurde, wo immer möglich für seinen Verein einzutreten. Ich tat, was ich konnte, aber einiges von dem, was ich gesagt haben sollte, war mir nie über die Lippen gekommen und anderes, was ich vorbrachte, wurde nicht gehört. Eines Tages beschenkte mich eine befreundete Theatermacherin mit einem Paar weißflaumiger Hausschuhe in Form von Kuschelhasen. Damit konnte ich leiser auftreten.

Die Begrüßung beim Kulturkreis einer angrenzenden Gemeinde fiel mit der Frage zusammen, woher ich denn komme. Da die Frage aber nicht ohne weitschweifige Ausführungen beantwortet werden konnte, ja, die der Wahrheit nahekommende Auskunft – »ich komme aus Menziken« – ihren Erwartungen wohl widersprochen hätte, ging man, bei Kaffee und Kuchen, gleich zu einem längeren Vortrag über. Dieser handelte von dem seltsamen Phänomen der »Nachbarschaften«, was wiederum etwas ganz anderes war, als das, was ich mir darunter vorstellte. Von mir eingestreute Rufe der Bewunderung oder gar diskret, d.h. in den Atempausen des Vortragenden eingeworfene, sozusagen als Atemwolke in die Mitte des Tisches gehauchte Fragen überging man so lange, bis sie sich erübrigten. Denn die Beschwörung des eigenen Herkommens, zu dem sich meine Gastgeber aufgefordert fühlten, duldete keinen Aufschub: erst wenn man seine Herkunft restlos aufgeklärt hatte, so schienen mir die Gastgeber zu bedeuten, durfte man ruhig und entspannt auf seinem Stuhl sitzen. Bei immer häufiger gereichten Kuchenstücken, womit man mir das Hereinreden und Fragen verunmöglichte, wurde mir ein betörend kompliziertes Stück Heimatgeschichte zugetragen. Riten und Rollenverhalten unter den verschiedenen »Nachbarschaften«, von denen ich noch nie gehört hatte.

So war es mir einzigartigerweise vergönnt, innert Kürze Zug

besser kennenzulernen. Nie hätte ich dabei den Fehler gemacht, diesen Fecken, der mir mit der Schwere frühmorgendlichen Nebels unbemerkt ans Herz wuchs, mit einem anderen Fecken in der Schweiz zu vergleichen. Zug war typisch nur für Zug, aber das war an sich keine nur einfache Angelegenheit. Denn in gewisser Weise, gerade an sonnigen Nachmittagen, wenn ich hinter dem Rücken der werktätigen Bevölkerung an den blühenden und duftenden Vorgärten vorbeistrich, wurde mir dieses Zug fast zu einem Kindheitsland. Wieder war ich dabei, Abschied zu nehmen, ohne es selber recht zu merken. Das Möhnen der Motorsäge aus dem Wald oberhalb des Städtchens, das Hämmern von irgendwoher erinnerte mich an meinem Geburtsort Menziken; und plötzlich saß ich im Gras unter dem von einem silbernen Kondensstreifen aufgeteilten Himmel und hielt meinen Kinderkopf in die verlorenen Kindheitstage hinaus.

Der unentwegt gestellten Frage nach meiner Herkunft nachkommend, setzte ich mich an einem summenden Maitag ins Auto, fuhr ins Wynental und besichtigte das Haus meiner Großeltern in Menziken, in dem ich aufgewachsen war. Wie erleichtert war ich, es beinahe unverändert in der Anlage des Gartens und der Zimmer vorzufinden. Auch der Geruch, der von den Wänden und aus den Teppichen strömte, war der mir vertraute Mief und nahm mich wieder gefangen. Eines jedoch irritierte meine Wahrnehmung über alles: Haus, Garten und Zimmer waren fürchterlich geschrumpft. Der Garten war schon in fünf Schritten abgezirkelt – im Nu stand ich mit der Nase am Gartenhaag. Was klein ist, muß einmal in der Kindheit groß gewesen sein. Auch der Apfelbaum, der erste Baum in meinem Leben, war nicht sehr monumental! Er stand mitten im rechteckigen Rasenfeld, klein und linkisch, so daß ich mit meiner Hand wieder über die Rinde streichen und da und dort ein Stück abreißen musste. Der Birnbaum, dessen Äste niedlich bis ins ungemähte Gras sanken, die Zwetschgen- und Mirabellenbäume hinter dem Haus, die ich mit der Leiter bestiegen hatte und die ich nun, ein ausgewachsener Primat, mit einem Sprung bloß aus dem Fußgelenk, um ihre Früchte zu erleichtern konnte. Hatte ich, auf den Zehen stehend, in einer lauwarmen Nacht die Zweige des Haselstrauchs geschüttelt, fielen im Schein der Straßenlampe Dutzende von Maikäfern an meinem Kopf vorbei zu Boden und erzeugten ein hartes, trockenes Geräusch, das mir noch immer in den Ohren steckte. Jetzt war ich größer wie der Strauch. Und wenn der Magnolienbaum, der eleganteste, weiblichste und in seinem Schwung am weitesten ausholende aller Gartenbäume seine Blütenblätter sanft verloren hatte, las ich sie auf und legte sie in Wasser, um daraus eine Art Parfüm zu gewinnen. Kindheitsparfum, Kindheitsgerüche, Kindheitsirrtümer.

Im Haus drin hatten sich die Gerüche gehalten, obwohl die Möbel, die Gerätschaften und andere Dinge entfernt worden waren. Das Holzgetäfel in der Stube war noch immer da; die Schrunden und Risse indes, denen ich an heißen Sommernachmittagen wie Flüssen und Seen mit meinen Fingern gefolgt war, waren nun nicht mehr als Maserungen im Holz, das im übrigen abgenutzt und schäbig erschien. Die Spannung beim Drehen des Lichtschalters verwandelte meine Hand noch einmal in ein kraftloses Kindertätzchen, die Fingerkuppen erinnerten sich: ich war ein Kind, das gerne die Lichtschalter betätigte. Und das Knarren des hölzernen Fensterladens befreite plötzlich noch einmal jene Kinderstimmen, die im Halbschlaf, hinter geschlossenen Jalousien, nachmittagelang auf mich gewartet hatten. Linkerhand neben der Treppe das kleine Kämmerchen mit den abgeschrägten Wänden, heute nicht größer als eine Seemannskiste. An der Decke puppenstubenhaft die herunterhängenden Haken, an denen meine auf einem norddeutschen Bauernhof aufgewachsene Großmutter die Würste zum Trocknen aufhing. Nun waren die Haken schmerzhaft leer.

Einbrecher und Detektiv in einem, schlich ich durch dieses unheimliche Haus. Ich entdeckte Kratzspuren von mir an den Wänden. Staub lag auf den karamelfarbenen Heizungsradiatoren, die vielleicht seit meiner Kindheit nicht mehr gereinigt worden waren. Im Estrich öffnete ich die Dachluke und starrte lange, zu lange auf die umliegenden, sommerlich summenden Hügel des Wynentals hinaus, so dass ich mir das Hinausstarren aus Fenstern, da es mich zu schnell wegtrug, zu verbieten vornahm.

Schließlich machte ich mich in den Keller auf, stieß die Türe zu jenem Raum auf, in dem, meiner Erinnerung nach, der von einer Schutzmauer eingefaßtc Öltank stand. Aber da nun sah ich ihn stehen, unverrückbar an seinem Ort und seit meiner Kindheit ausharrend: den großen blauen Elefanten. Dünnes Stroh auf dem Rücken, den Rüssel zum Fenster hinausringelnd, stand er da, wo sonst der Öltank gestanden hatte.

Er lebte also immer noch, mein großer blauer Elefant. Trotz der langen Zeit, da ich ihn verlassen hatte, war er mir treu geblieben. Stolz trat er von einem Bein aufs andere und sagte: »Schau, es ist doch möglich, mich hier einzuquartieren! Ich nehme niemandem den Platz weg, ich bin nur da, solange du an mich denkst und die Kraft deiner Wünsche nicht versiegt. Damals wie heute und allen Einwänden zum Trotz bin ich hier.«

Niemand hatte ihn mir nehmen können, wegwünschen oder ausreden: ich schaute ihn an und war für einen Moment beglückt, auch wenn ich mißtrauisch blieb. War es immer noch so, daß man sich in seine Bläue hineinträumen und darin verlorengehen konnte? Galt noch immer, daß er alle Wünsche in seinem großen, blauen Bauch sammeln und sie einem, bei passender Gelegenheit, erfüllen konnte?

***

Warum schreiben Sie? Was hat die Literatur für einen Sinn? – Das waren die Fragen, die mir von freundlichen Zugerinnen und Zugern im Vorbeigehen, an Tischrunden, aber auch in Zeitungsartikeln gestellt wurden. Und weil solche Fragen nicht zu beantworten waren, weil sie vielleicht gerade zu jenen Fragen gehörten, die zu beantworten man sich hüten musste, folgten den Fragen freundliche Hinweise und Vorschläge, über welche Themen ich schreiben könnte. Eine gastliche Wirtsfrau, die Hände an der Schürze trocknend, beklagte sich bei mir über die dauernde Kulturverhinderung durch die Zuger Behörden. Darüber, so empfahl sie mir und schob ein wunderbares Kaninchengericht über den Tisch, sollte ich doch mal schreiben. Daß nämlich der Stadtpräsident die Autos deutscher Touristen, die sich in der Parkverbotszone aufhielten, kurzerhand abschleppen ließ. Der Feuerwehrverein lud mich zum Ball und empfahl sich selber als Thema. Über den Rindermarkt sollte ich schreiben, auch über andere kulturelle Veranstaltungen wie die Zusammenkunft des Schützenvereins, der Kachelleger, der Kaminfeger.

Ich kaufte mir im Tabakladen, wo ich mich mit Raucherwaren und Zeitungen einzudecken pflegte, eine alte Postkarte. Zug um 1840. Die Karte zeigte ein längst vergangenes, ländliches Zug, ein Bächlein schlängelte sich durch die Bildmitte, die Wiese wucherte bis vor die Häuser. Ich zeigte die Postkarte meinen Gästen. Immer wenn das Essen vorüber war, warf ich sie auf den Tisch. Die Gäste verstummten und sahen mich fragend an: War das Zug, wie ich es mir wünschte? Oder wollte ich damit sagen, daß mir Zug, wie es sich heute zeigte, liebenswerter, angenehmer, aufgeschlossener erschien? Oder ertrug ich Zug nur, indem ich, beim Dessert, mich dieser alten Ansicht zuwandte, zugleich die Aufmerksamkeit meiner Gäste auf etwas lenkend, das es nicht mehr gab? Oder fehlte in der Realität etwas, so daß ich diese mit einer Foto verdoppeln mußte?

Ohne es zu ahnen, bedeutete diese Karte bereits den ersten Abschied von Zug, wo ich nun doch endlich angekommen war. Oft fuhr ich nun auf den Zuger Berg hinauf, um durch blühende Felder zu rennen. Den Geruch von frischem Gras in der Nase, rannte ich meiner Seele, die noch immer nicht ganz bei mir angekommen war, hinterher. Ich rannte durch den Parco Borghese in Rom und den Parc des Buttes Chaumont in Paris. Die Winde begrüßten mich stürmisch, ich hielt ihnen mein Gesicht entgegen, sie stießen mich vorwärts und ich keuchte glücklich vor Entronnensein. Nie habe Abschiede gemocht, lieber wollte ich irgendwo ankommen.

Freundliche Kritiker bescheinigten mir bald einmal »masochistische Züge«, weniger freundliche forderten mich immer unverhohlener auf, endlich die »nackte Wahrheit hinter der Fassade der Zuger Freundlichkeit« hervorzuzerren. Solches zu tun lag mir fern, stattdessen griff ich zur Feder und warf in einem launigen Artikel die Frage auf, ob in Zug nicht doch gelegentlich eine gewisse, von fern zwar kaum wahrnehmbare, in ihrem Kern aber unerschütterliche »geistige Windstille« herrschte. Damit stach ich in ein Wespennnest. Die Öffentlichkeit, das spürte ich seit langem, wünschte immer stärkere Erregung. Sie gab sich nicht zufrieden mit dem Wissen, dass ich schrieb und das Geschriebene bei gebotener Gelegenheit preisgeben würde. Die Entrüstung, die meiner Glosse folgte, trug kathartische Züge: ich hatte offenbar formuliert, was viele dachten, sich nicht zu sagen getrauten, aber gewünscht hatten, dass ich, der ja dafür angestellt war, es endlich sagte. Viel Bewegung brach los und während die einen klatschten, rechneten andere mir meinen »elitären Kulturbegriff« vor, meine notorische »Publikumsschüchternheit« und nahmen die einheimische, biertrinkende Jugend, die meine Glosse gestreift hatte, in Schutz. Entschlossener denn je stellte ich mich nach Mitternacht, wenn ich nichts mehr zu sagen hatte, in den Bars neben die einheimische Jugend, es nützte nichts.

Es gab eine ganz bestimmte Vorstellung, wie ein Stadtschreiber zu sein hatte, an der man mich maß. Ein berühmter Kollege war einmal in Frankfurt am Main Stadtschreiber gewesen; man hatte ihn dort vor allem in Kneipen sitzend angetroffen, in heftiger Kontaktnahme mit dem sogenannt einfachen Volk. Auch wenn er nicht gerade anderswo Stadtschreiber war, lebte er zuhause in Solothurn ebenso wie ein Stadtschreiber, in den Kneipen bei heftiger Kontaktnahme mit dem einfachen Volk. Zu diesem Bild eines mustergültigen Stadtschreibers, das in alle Gegenden vorgedrungen war, gesellte sich eine schmale Schrift meines Kollegen, in der er seine Ästhetik aus dem Geiste heftiger Kontaktnahme in Kneipen entwickelte. An diesem Kollegen, den ich sehr mochte, und an seinem Kontaktvollzug, in dessen Wärme ich mich auch schon geflüchtet hatte, war für mich kein Vorbeikommen. Ich wurde an ihm gemessen, auch wenn ich ganz anders war. Denn er war ein bekennender Patriot, wie er in einem

Fernsehinterview sagte, obgleich er einen »kritischen Patrio-
tismus« im Sinn hatte.

Ich aber dachte an Flucht, als sich der erste August näherte.
Bereits saßen meine Freunde, ironisch lächelnd, in ihren Autos
und fuhren Richtung Süden. Hundebesitzer machten sich auf
zum Campieren in den Bergen. Geduckt saß ich am Ufer und sah
den feingewobenen Dunstschleier über dem See. Ruhig plätscher-
ten die Wellen an die Gestade der sogenannten »Katastrophen-
bucht«. In einigen Tagen würden hier die Feuerwerksraketen
über johlenden Mündern, gefüllten Biergläsern und Lampions
mit dem weißen Kreuz auf rotem Grund in den Nachthimmel
steigen. Und Monate später würden die Eidgenossen das Bei-
trittsgesuch zum Europäischen Wirtschaftsraum an der Stimmur-
ne abschmettern.

Die Geschichten vom Anfang, vom Jubel und der Verehrung
des Schweizerwesens hatten mich nie erreicht. Es lag daran, dass
ich sie nie hätte nacherzählen können. Erzählte einer mit meinem fremdländischen Aussehen eine solche Geschichte, eine
Winkelriedstory oder die Geschichte vom Großen General Guisan,
wäre es als Witz herausgekommen. Daran glauben mochte ich
schon gar nicht. Als Kind hatte ich Geld gespart, um für den Ersten August Raketen, Feuervulkane und Bengalische Zündhölzer
zu kaufen. Und stand mit meinem Großvater, einem Luzerner
Trompetenbläser, inmitten der Klänge der Dorfmusik, vor dem
Feuer unter erleuchteten Himmel. Erst mit dem Älterwerden, als
ich die Reden verstand, merkte ich, daß sie anderen als mir gal-
ten. Vollmundig sprachen die Patrioten in die Mitte der Menge
hinein und sprachen an mir, der am Rand stand, vorbei.

Am Nachmittag des ersten Augusts brach ich meinen Text
mitten in einem Satz ab, verließ die Wohnung und trat in die Zuger Altstadt hinaus. Geduckt schlich ich an einer knochenblei-
chen, massiven Steinmauer entlang. An einer alten, hölzernen
Türe betätigte ich eine Klingel, worauf aus einem viereckigen
Guckloch, das sich von innen aufklappen ließ, das hinter einer
dicken Brille lächelnde Gesicht der heiligen Schwester von der
St.-Petrus-Claver-Solidarität aufschien. Ich betrat das Haus und

las im Prospekt, daß es sich um eine von der Gräfin Maria There-
sia Ledochowska 1894 gegründete Schwesternkongregation mit
dem Schwerpunkt Afrika handelte. Kernsätze der Gräfin, die ich
mir abschrieb, lauteten: »Das Göttliche des Göttlichen ist es,
mitzuwirken am Heil der Seelen.« Oder auch: »Entweder wird
Afrika christlich – dank den Missionaren – oder es fällt den Mo-
hammedanern als Beute anheim. Und dann haben wir das Vor-
dringen des Halbmondes nicht vom Osten, sondern vom Süden
her zu fürchten.«

Mit schleppenden, von ihrer Kurzsichtigkeit gegängelten
Schritten führte mich die Schwester durch einen lichtlosen Kor-
ridor. Kichernd stieß sie eine Türe auf und ließ mich, ohne Kom-
mentar und Warnung, allein.

Während draußen die ersten Raketen verzischten, stand ich
nun umzingelt von Masken, an der Wand angebrachten Beilen
mit scharfer Schneide, kompliziert geschnitzten Stöcken und
anderem Fetisch aus meinem geheimen Afrika. Hob ich meinen
Blick, leuchtete mir eine kraftstrotzende Schamamenkopfbe-
deckung entgegen, die eine Traube von abstehenden Bastlocken
zierte. Daneben eine hölzerne Maske, böse grinsend und umran-
det von einem Tigerfellrevers. Schwarz, fremd und überaus deutlich trat mir Afrika hier so entgegen, wie es die Zuger Schwestern empfanden. Und es gab kein Entrinnen aus dem mit schweren Vorhängen verdunkelten Raum, in dem die Gegenstände wie
auf einer uralten Bühne von staubig-gelbem Licht inszeniert und
nur mit einem einzigen, meist blutigen Wort erklärt wurden. Rot
die Kultmaske eines Zauberers aus dem Kongo, der, knapper Be-
schriftung zufolge, über Hundert Menschen auf dem Gewissen
hatte. Falls er ein solches, in christlichem Sinne, überhaupt besaß. Angesichts der draußen anhebenden Knallerei begegneten
mir beinahe beruhigend wirkende Totschlägerstöcke und feier-
lich leuchtende Speerspitzen. Aus hüfthohen, felleingelegten
Trommeln drang samtiges Dröhnen, fast synkopisch, das sich mit
der Marschmusik vermischte. Mit dem klaren Blick kolonialen
Wissens hatten die Schwestern in der Mitte des Raumes eine sogenannte Wildensiedlung en miniature mit Karathstrohhäusern

und Ahnentempeln arrangiert. Ein Fetisch fürs Glück beim Hüh-
nerstehlen und Geldmachen fehlte ebensowenig und an der
Wand hinter der lustigen »Wildensiedlung« hätte mich, wäre ich
noch ein Kind gewesen, mit Sicherheit der Magier erschreckt:
eine vollständig mit Spiegelscherben und Nägeln gespickte Holz-
gestalt. Jeder Nagel, fragte ich mich, ein magischer Mord?

Schlußpunkte

Jochen Schimmang:

Ich möchte lieber nicht, sagt Murnau

1956, das hat uns Wolfgang Hildesheimer in den *Lieblosen Legenden* mitgeteilt, war ein Pilzjahr: das hundertste Todesjahr von Gottlieb Theodor Pilz, dessen Beitrag zur Geschichte der abendländischen Kultur eher in der Nichtexistenz von Werken zum Ausdruck kommt, »Werken, die durch sein mutiges, opferbereites Dazwischentreten niemals entstanden sind.« Gottlieb Theodor Pilz, verrät uns Hildesheimer, »war weniger ein Schöpfer als ein Dämpfer.«

Fünfundvierzig Jahre danach, könnte Murnau sagen, wäre es höchste Zeit für einen neuen Pilz. Murnau, so nennen wir einen leidlich erfolglosen Schriftsteller von gut fünfzig Jahren, ist gebeten worden, einen kleinen Text zu schreiben, der sich »mit den äußeren und inneren Bedingungen der Literaturproduktion« befassen möge. Dabei, so wurde ihm vorgeschlagen, könne er über seinen Schreibtischstuhl ebenso räsonieren wie über den Existenzkampf auf dem literarischen Markt, über Lektoren und Verleger herziehen oder Auszüge aus Tagebüchern und Arbeitsjournalen präsentieren.

Um Gottes willen, nein. Die äußeren wie inneren Bedingungen der Literaturproduktion sind immer und überall das Allerentsetzlichste naturgemäß, wie ein weit größerer als Murnau es gesagt hätte. Auszüge aus Tagebüchern und Arbeitsjournalen sind ein Fall für Literaturwissenschaftler und andere Voyeure, es sei denn, die Tagebücher seien von Julien Green. Über den Existenzkampf auf dem literarischen Markt und die neuen Chancen, die er seit einigen Jahren für clevere Selbstinszenierer bietet, ist ebenfalls in den letzten zwei Jahren schon genug geschrieben worden. Geschickte Feuilletonchefs machen daraus sogar eine ganze Debatte mit mehr als zehn Folgen. Damit haben sie ihre Wochenendseiten für drei Monate gefüllt und den Konten der beteiligten Autoren etwas Gutes getan. Den Titel für diese Form öffentlicher Onanie hat ein bekannter deutscher Autor bedauerlicherweise schon in den achtziger Jahren für eine eigene Essaysammlung reserviert: *Mittelmaß und Wahn.*

Jetzt ist Murnau ganz nah bei einem Sujet gelandet, das seit fünfzehn, zwanzig Jahren, seit Anfang bis Mitte der Achtziger etwa, streng verpönt ist: bei der Kulturkritik. Genau läßt sich nicht mehr rekonstruieren, wer die Kulturkritik als altmodisches Nörgeln entlarvt hat, das seinen Urheber als einen griesgrämigen, verbitterten, bestenfalls leicht senilen Spaßverderber ausweist, der zudem die wahren Qualitäten der neuen Leichtigkeit verkennt. Das alles stimmt im übrigen: Kritik hat immer etwas vom Nörgler ebenso wie vom Neidhammel. Darum ist sie auch so zeitlos aktuell. Man lese zum Beispiel: »Was die Spannung der Triebfedern in uns am meisten hemmt, ist, andere Leute im Besitz des Ruhms zu sehen, von deren Unwürdigkeit man überzeugt ist.« Das zu den gleichermaßen äußeren wie inneren Bedingungen des Schreibens. Die Diagnose stammt von Lichtenberg, ihre Gültigkeit ist zeitlos. Neid und Kränkung sind jedoch nicht nur Hindernisse, die Triebfedern zu spannen, zuweilen sind sie auch diese Triebfedern selbst. Es wäre vielleicht an der Zeit, das auch nach außen zu demonstrieren und nicht länger notdürftig die schlechte Laune gegenüber dem unverdient bevorzugten Konkurrenten zu verbergen. Auf der anderen Seite wäre es zu anstrengend für Autoren, die sich im Rahmen des ganzjährigen Literaturzirkus alle paar Wochen bei irgendwelchen Poetentagen, Tunnelveranstaltungen oder Literarischen Herbsten treffen, sich ständig gegenseitig zu zerfleischen. Schließlich kann man sich auch aus dem Weg gehen, das ist die zivilisierte Variante.

Murnau ist abgeschweift. Er wollte eigentlich ein neues Pilzjahr ausrufen, oder, die noch nicht lange zurückliegende Wende des Saeculums nutzend, möglichst ein Pilzjahrhundert. Nur zum geringsten Teil hängt das mit der neuen Aufmerksamkeit zusammen, die Literatur, zumal wenn sie jung ist, bei uns plötzlich erfährt. Der so genannte Generationswechsel ist nicht sein Thema. Was ihn seit Wochen, Monaten, vielleicht schon seit zwei Jahren beschäftigt, ist grundsätzlicherer Natur. Die Frage läßt sich am ehesten in eine Büchnersche Form bringen: »Was ist es, das in uns entwirft, schreibt, ändert, verwirft, neu beginnt und unbedingt an die Öffentlichkeit will?« Und, so möchte er die Überlegung weiterführen, woher nehmen wir die Unverschämtheit zu glauben, das könne irgend jemanden interessieren? Wer soll das lesen, wer will das wissen?

Die Büchnersche Frage läßt sich so beantworten:

Was in uns entwirft, schreibt, ändert und so weiter und damit nicht aufhören kann, das ist zunächst der Literaturbetrieb selbst. Wer ein Buch geschrieben hat, der ist ein Schriftsteller, und ein Schriftsteller, um ein solcher zu bleiben, muß ein zweites Buch schreiben und dann ein drittes und so fort. Das nicht etwa in Abständen von jeweils zehn Jahren, sondern alle zwei, maximal drei Jahre. Ansonsten droht sein Name aus dem Bewußtsein aller zu verschwinden: aus dem der Kritiker, der Verleger, der Verwalter kultureller Geldtöpfe und nicht zuletzt der Lektoren, deren Langzeitgedächtnis in den vergangenen Jahren stark gelitten zu haben scheint, da die jeweiligen *hypes* sich in immer kürzeren Abständen ablösen. (Allein die mythische Figur des aufmerksamen und unabhängigen Lesers, die es tatsächlich gibt, wie Murnau von Zeit zu Zeit erfährt, allein diese Figur also bildet da eine Ausnahme.) Naturgemäß kommt bei diesem Wettrennen eine Menge Kunstfertigkeit ohne Inhalt heraus, so daß sich bald dieses Gefühl einstellt: »Wir sind umstellt von Produkten. Leere, gewalttätige Macherei, bestenfalls Artistik ...« Pardon, schon wieder ist Murnau bei der Kulturkritik gelandet. Es scheint, als entkäme man ihr nicht. Die zitierten Sätze sind von Horst Janssen und beziehen sich auf die so genannte Bildende Kunst, das aber ist unerheblich. Murnau jedenfalls ist in den letzten beiden Jahren dazu übergegangen, von Zeit zu Zeit die Abteilung Belletristik in seiner Bibliothek entschlossen zu reduzieren und das Ausgemusterte ins Antiquariat zu tragen, eine Maßnahme, die für ihn früher undenkbar gewesen wäre, heute aber eine geradezu kathartische Wirkung hat. Auf Mittelmaß und Wahn trifft er hier überall. Und wäre das nicht aus Gründen der persönlichen Dokumentation ebenso wie aus Eigenliebe ausgeschlossen, so wäre gewiß auch der Großteil seiner eigenen Bücher dorthin gewandert und vielleicht nur ein einziges übrig geblieben.

»Endlos wiederholte Dümmeleien«, fährt Horst Janssen in seiner Kulturkritik fort, »wo Wiederholung Stil suggerieren soll. Ich bitte Sie, gucken Sie sich um: diese auf einen einzigen Einfall reduzierten Köpfe dürfen doch keinen Zentimeter von dieser Dürftigkeit abweichen, ohne daß ihr 'Name' im Kunstbadeker gestrichen wird.« Oder in den Lexika der deutschen Gegenwartsliteratur, fügt Murnau hinzu.

Übers Markenzeichen Stil, über die Wiederholung der immergleichen Manierismen lassen sich in der Tat schnell Lorbeeren verdienen. Irgend einem Kunstrichter und in der Folge Teilen des gläubigen Publikums gefällt solcherart gut gemachte literarische Kleinkunst immer, das ist das Vertrackte. »Wie viele Biederleute, die vor einem Jahrhundert ausgezeichnet ohne die Schönen Künste gelebt hätten, brauchen jetzt kleine Statuetten, kleine Musik und kleine Literatur.« Fatalerweise ist dieser Satz auch schon anderthalb Jahrhunderte alt und entstammt einem Brief von Flaubert an Louise Colet. Vor wenigen Wochen hat Murnau noch einmal *Ein schlichtes Herz* gelesen. Die daran anschließende Frage, warum er selbst nach dieser Lektüre noch weiter als Erzähler tätig werden solle, gebietet seiner Ansicht nach zwingend der literarische Anstand.

Er hört natürlich sofort die Stimmen, die ihn darauf hinweisen, daß jede Zeit ihre eigene Literatur hervorbringen müsse und sagt ja und amen dazu, weil niemand sich gegen einen solch überwältigenden Gemeinplatz wehren kann. Gleichwohl erscheint ihm das erneute Wirken eines Gottlieb Theodor Pilz wünschenswert. Nach Hildesheimers Bericht war Pilz übrigens kein Eiferer und kein Kulturkritiker, sondern verhinderte die überbordende Produktion von Werken teils durch Diebstahl von Manuskripten – schon als Kind klaute er dem kurzsichtig gewordenen Klopstock »ganze Stöße von Oden« –, teils durch sanfte Überzeugungsarbeit: »Abends bei Rossini. Das Essen war, wie immer, vorzüglich. Unter anderen köstlichen Dingen setzte er uns ein Tournedo vor, von dem Alfred (gemeint ist de Musset) mit Recht meinte, es allein würde genügen, um Rossinis Unsterblichkeit zu begründen. Ich griff diesen, an sich großen, Gedanken auf und versuchte, Rossini ernsthaft zu überreden, sich ausschließlich der Gastronomie zu widmen. Er will es sich überlegen.«

Rossini hat es sich bekanntlich überlegt, und sein gastronomischer Ruhm hat über hundert Jahre nach seinem Tod einem deutschen Film den Titel gegeben, der allerdings völlig überflüssig ist. Alles läßt sich nicht verhindern, und vermutlich wird auch Murnau sich an Pilzens Maximen auf Dauer nicht halten. Vorerst folgt er allerdings dem Satz eines anderen Schreibers, den Pilz leider nicht kennenlernen konnte. Ohne Zweifel hätte Pilz Bartleby gemocht, wie dieser, »ohne sich aus seiner Abgeschiedenheit zu rühren, mit eigentümlich, sanfter, entschiedner Stimme erwiderte: Ich möchte lieber nicht.«

Über den Nachlaß seines Helden vermerkt Hildesheimer am Schluß seines Berichts: »Auf seinen ausdrücklichen, kurz vor dem Tode geäußerten Wunsch hat man Gottlieb Theodor Pilz keine Denkmäler gesetzt, sondern seine gesamte Hinterlassenschaft begeisterungsfähigen, jedoch wenig begabten jungen Menschen zukommen lassen, im Tausch gegen das Versprechen, fürderhin von schöpferischer Arbeit abzusehen. Leider sind diese Mittel seit langem erschöpft, und damit ist der Geist Gottlieb Theodors erloschen.«

Zeit, ihn wiederzubeleben, zum Wohl nicht nur der Jüngeren.

Hermann Kinder

Aufhören! Aufhören?!

Um auf die Zeckenfrage nach den 'Bedingungen des Schreibens heute' etwas antworten zu können, müßte ich wissen, was Schreiben sei, wozu es diene, wie es mit der Zeit und der Literatur zur Zeit bestellt sei, ich müßte mich vergleichen, ich müßte eine Position zwischen Schreiblagern beziehen, ich müßte normengewiß sein, ich müßte womöglich das Eigene als das empfehlenswerte Allgemeine propagieren können, falls ich wüßte, ob ich überhaupt etwas Eigenes habe und ob ich überhaupt und richtig schreibe oder früher einmal geschrieben habe. Den Duivel ook, da denkt Kinder sich lieber als Literaturhistoriker, der wissen müßte, wie viel Poetik schon in den Staub der Geschichte getreten wurde. Und denke lieber einen Kalauer: Bedingungen des Schreibens heute – zwei Stunden Zeit, dann Wäsche aufhängen, dann einkaufen und gegen die blauen Füße tief atmen, dann Goethes Chinesisch-Deutsches, dann Thomas Manns »Tod in Venedig«, dann Thomas Kling, dann H. W. Richters Briefwechsel für die Lehre vorbereiten. Eine zweite Fassung vielleicht nächsten Samstag, falls nicht Magisterarbeiten oder eine überraschende Familienzusammenführung anstünden und falls ich am nächsten Samstag wissen sollte, mit welcher Stimme ich rede, reden sollte, reden könnte, und ob ich überhaupt eine Stimme hätte oder nur Heiserkeit oder Beckettschen Husten.

Selbst aus der Literaturgeschichte läßt sich viel lernen. Von Gryphius bis Kracht und Hermann, Judith, gibt es Todesangst und Schreibprobleme, die sich allerdings geändert haben. Man lernt, daß der Hörfunk in den 60er Jahren für Wortbeiträge exakt die selben Gehälter wie heute zahlte, wobei sich die Kaufkraft der Mark inzwischen mindestens verfünffacht hat, so daß die Gehälter heute nur noch mindestens ein Fünftel wert sind. Dies steht aber in einem mindestens vielfach umgekehrten Verhältnis zu den Gehältern, die schon, wenn auch verhalten, in den 60er und vor allem unseren ungehaltenen Jahren an Nichtwortbeiträger gezahlt wurden und werden. Aus der Literaturgeschichte lassen sich lernen »Schrecken und Staunen über die Vergänglichkeit auch des legitimsten literarischen Ruhms«, welche nach Max Wehrli »die wichtigste Propädeutik des echten Literaturhistorikers« ausmachen. Es lassen sich die ewigen Überlebenskämpfe der Schreibenden beobachten, ihre Triumphe und Niederlagen, das verführerische, das quälende, das diktierte Schweigen. Und es finden sich viele Programme über die Bedingungen des Schreibens heute, die meist ein wenig an etwas, das hinter ihnen zu vermuten bleibt, vorbeireden. Es findet sich vor über einem Jahrhundert die »Enquete über die Zukunft der deutschen Literatur«, auf die Gerhart Hauptmann antwortete: »Ideal/Leben, Abkehr/Einkehr, Prophetie/Dichtung, Authentik/Arrangement, Jung/Alt, Männer/Frauen: zwei Lager – wird das eine fett, wird das andre mager.« Aus dem Nachhinein gehören fast alle zu den Mageren. Goethe und Büchner sind zwar fett, aber nur ungesund mehrfach germanistisch gesättigt und gehärtet.

Leider hat er auch schon eine Geschichte, von der er nicht weiß, ob er aus ihr etwas lernen kann oder gelernt hat, ob freiwillig oder sehr gemußt. Einmal fiel, als er abwesend war, im nach harter Literaturarbeit gemütlichen Bierkeller von Münstereifel der Satz: 'Kinder hat doppelt versagt, als Germanist ist er nichts geworden, als Autor auch nicht.' Da solche Packungen nicht üblich sind in der Münstereifeler Freundschaftlichkeit, wurde ihm seine nicht verborgen. Leider: Der Satz stimmt! Rosenäugig wollte er einst den Spagat zwischen Uni und Literatur aushalten, längst zerrissen ist er zwischen gräulichem 'Wissenschaftlichen Dienst' ohne Anspruch auf Freisemester, aber mit Präsenzpflicht, und Autor, der seine Bücher erfolgreich zum Verschwinden gebracht hat. Hermann Kinder jedoch wird überleben als Autor des dtv-Geschichtsatlasses, den er leider nicht verfaßt hat.

Bedingung meines Schreibens heute: Es wäre zu klären, in welchem Verhältnis Schreiben zu Erfolg bzw. Mißerfolg steht? Psychisch – und was eine psychische Verklammerung von Mißerfolg und Erfolg hieße für die Hierarchie der Schreibmotive? Qualitativ – »Lähmung oder Auftrieb?« Verschleiß? Um die Bedingungen meines Schreibens heute klären zu können, müßte ich mich den Gründen meines literarischen Konkurses stellen und bedenken, ob und welche Kosequenzen ich zu ziehen hätte. In der Doppelung zwischen Literaturwissenschaft und Literatur per se kann mein Absegeln nicht begründet sein, siehe: Adolf Muschg, Gerhard Köpf, Hanns-Josef Ortheil – ist je ein Autor als Germanist so hingebend verwöhnt worden wie W. G. Sebald? Wenn es also nicht an der Doppelung liegt, sondern allein an mir: Habe ich zu schlecht geschrieben, zu lesefeindlich, habe ich mich öffentlich falsch verhalten, bin oder war ich ein Reich-Ranickischer germanistischer Literatenliterat, war mein Mißerfolg das Dutzendpech eines Viertelsfettbegabten, der zu spät den Platzverweis begriffen hat?

Lag sein Mißerfolg daran, daß Kinder unter einem anderen, nicht mehr gültigen Begriff von Literatur aufgewachsen ist, einem Gesetz, das nicht mehr besteht? Er kann immer weniger ertragen, daß seine Literatur-Studierenden keine Feuilletons mehr lesen, sich nicht einmal das, was ihn allerdings heimlich sehr freut, »Literarische Quartett« ansehen, daß der Altersschnitt bei Lesungen, die nicht von Harry Rowohlt oder Max Goldt gegeben werden, Graue Haare plus ist, daß er, um Lektüren zu erzwingen und seine Seminare zu halbieren, eine Klausur schreiben lassen müßte mit der Frage: Wie heißt die Stadt, in der Thomas Manns »Tod in Venedig« spielt? Es schmerzt ihn, daß seine Literatur-Studierenden keinen der Namen kennen, die ihm wert sind, auch seinen werten Namen nicht, immer nur Hesse, Frisch – und Grass dem Namen nach. Von wegen Kracht, von wegen Lange! Aber immer: Reich-Ranicki. Aber ja, gibt es auch konstant die Prozente der Besseren und Besten, die über Goethes »Wahlverwandtschaften« promovieren und über unentdeckte Quellen zu Büchners »Lenz« und, das sind die Allerengagiertesten, über Thomas Bernhard, über Botho Strauß, Kopf und Kragen riskierend. Von wegen Elfriede Jelinek! Zu Handke ist der Vorname nicht präsent. Aber von Delius weiß man, daß er ein Musiker war, der in Hamburg mal Bürgermeister war und dort irgendwie, irgendwie mit der Literatur liiert war, Ingeborg Kirsch oder so. Er fürchtet, sich vorzukommen wie einer aus der Schnurbandkeramikzeit, als das Schreiben schon lange nichts mehr, aber das Lesen noch was geholfen hat. Wäre es nicht besser, statt sich mit Schreiben und Publizieren Kampf und Krampf an den verbleibenden Rändern des Berufs, Konkurrenz und Kränkung einzuhandeln, aufzuhören, einfach zu lesen und zuzuhören. Könnte Nicht-Schreiben nicht eine Befreiung aus der Schriftschnurkeramik sein?

Lag es daran, daß Kinder zwischen die Mühlräder der Generationen geraten ist? Walter Jens sagte 1987, die Gruppe 47 habe 20 Jahre lang die westdeutsche Literatur offiziell repräsentiert, und 20 Jahre nach dem Ende der Gruppe, also zwischen 1967 und 1987, inoffiziell. Deshalb seien die nachfolgenden Autoren Zwerge, die auf den Schultern der Riesen und Meister der Gruppe 47 stünden, die bis heute die deutsche Literatur dominierten. An H. W. Richter schrieb er am 31.8.67, es erschiene ihm »widerwärtig und grauenerregend«, diesen »ganzen Chotiewitzen«, »Meier-Typen« wieder begegnen zu müssen, sich womöglich Gedanken machen zu müssen »über Haupt- und Nebenfiguren bei Rolf Haufs«. Die Ziehväter haben sich nur selbst geliebt, und die Jugend seit 1989, die die deutsche Literatur, wie einst die 47er, wieder zu etwas gemacht habe in der Welt etc., wird von den immer jüngeren Feuilletons geliebt. Würfe er sich in diesen Generationenkampf, käme sich Kinder vor wie Gustav Aschenbach, dem, die Cholera schon im Bauch, in jener Stadt, in der Thomas Manns »Tod in Venedig spielt«, die verlogene Schminke aus dem grauen Haar schwitzt. (Ich ließ die Klausur, wütend, weil kaum jemand den Text besaß, tatsächlich schreiben, und von den 70

Literatur-Studierenden brachen 60 die zu schwere Klausur ab, so daß sämtliche Trostpreise, nämlich Ramsch aus Kinders eigenem Besitz, nicht verteilt zu werden brauchten.)

Vielleicht lag es an ganz anderem. Mehr Fragen als Antworten, die Verunsicherung wächst. Und statt zu schreiben, flieht Kinder in und wieder aus der auch ihm bekanntermaßen eher sekundären Vipernfrage, ob er heute und was er und wie er und weil er heute sowieso nicht auch morgen nicht geschweige denn übermorgen ob er überhaupt schreiben solle. Sind das allgemeine oder nur seine unmaßgeblichen Fragen? Die beispielsweise belegen, daß Kinder ein, wie das mal, relativ vornehm, hieß, ›außengeleiteter‹ Mensch ist? Hat er, frage ich mich, eine Substanz oder Identität, hat er je eine gehabt als Germanist und oder oder oder oder/und Autor? Warum verhält er sich in Münstereifel gelegentlich so unauffällig auffällig? Was hat er dort überhaupt zu suchen? Ich weiß: die Literatur und ein paar ihm sehr liebe Freunde und das Andere der Literaturwissenschaft. Aber bewegt er sich nicht in Münstereifel wie ein Transvestit? Ist er nicht seine eigene Verkleidung, weshalb er auch nur über seine Verkleidungen reden kann, statt zur Sache der Bedingungen des Schreibens heute etwas zu sagen? Ja, rufe ich Kinder zu, gibs mir!

Ich habe gelogen. Es ist nicht die erste, sondern schon die an einem dritten Samstag verbesserte Fassung. Auch die Antwort auf die Frage nach »Bedingungen des Schreibens heute« mißlang ihm beim dritten Anlauf auf Anhieb. Deshalb etwas nervös, riß Kinder am aus Sicherheitsgründen unsinnig lang blockierten Öffner der Waschmaschinentrommel, weshalb dieser mit einem stillen Knack abriß. Die Wäsche würde faulen, bis der Kundendienst einen der vielen angekündigten Termine würde eingehalten haben. Er war so wütend, daß er übermäßig Unbrauchbares einkaufte, mit dem schweren Rucksack am Ufer entlanglief und vergeblich tief zu atmen versuchte, er hechelte nur, keuchte, mußte sich mit blauen Zehen niedersetzen und Goethes Chinesisch-

Deutsches memorieren, das er nicht verstand: »Wie es auch sei das Leben es ist gut.« Au contraire, rief er in sich hinein, was ich aber nicht schreiben kann, da ich mir nicht sicher bin, wie man das schreibt, und da ich nicht nachschlagen kann, weil mir mein Fremdwörter-Duden fehlt seit jener Attacke, die aus dem dritten Stock zu führen ich gezwungen war, weil vorgeblich Literatur Studierende noch nach Mitternacht heraufschrieen: Venedig, Venedig!

Nur für ein paar Stunden saugt im November die Sonne den Nebel über dem See weg, und dann trifft man die Bekannten auf den Bänken am Wasser. Es sei ihm wurscht, ganz und gar vollkommen wurscht, sagte der dichtende, habilitierte Philosoph und Langzeitarbeitslose, er schmeiße seine Texte weg, er nehme seine Texte aus dem Internet, er habe keine Lust mehr zum Schreiben, es sei ihm gleichgültig, ob ihn jemand lese, diese Frage lasse ihn vollkommen kalt. Wir reden nicht mehr viel und schnell, wir schauen mehr, wir sind alte Männer geworden. Mein Freund ist Österreicher, genauer: Burgenländer, und er sagte, daß er lange die Frage bedacht habe, ob das Schreiben ein Muß sei, ein irrer, nein, er meine innerer Drang, pathologisch gesagt: ein Endogenes, oder ob es ein Luxuriöses sei, sagte mein Freund, oder ein auf Stimuli Angewiesenes, wie die Beobachtungen in den sowohl Wiener wie auch Basler Künstler-Psychiatrien nahelegen könnten, Navratil, sage er nur, sagte meine Bekannter und Kollege. Navratil, fragte ich und entschuldigte meine Unwissenheit, nicht nur mein Fremdwörter-Duden, auch mein »Ich flicke mein Fahrrad selbst«-Buch seien mir abhanden gekommen. Wir hielten unsere Falten in die schwache Novembersonne und mein gelegentlich dichtender Freund sagte, er habe erlebt, daß das Radio einen alten Text von ihm gebracht habe in der Sendung »5 vor 12«, wovon er erfahren habe, als eine Frau seines Alters, die er nicht gekannt habe, ihm auf dem Radweg zugerufen habe, sie habe gestern etwas von ihm gehört in der Sendung »5 vor 12«. Diesen Zuruf der ihm, was er beschwören könne, tatsächlich unbekannten, aber nicht unangenehmen Frau habe ihn dermaßen innerlich berührt, daß er sich gleich hingesetzt und einen Text geschrieben habe, der demnächst, falls die Sendung in letzter Minute nicht doch noch als sogenannte Wortbeitragssendung gestrichen werde, gesendet werde in der Sendung »5 vor 12«. Da habe er aber einen Widerspruch, sagte ich, und ob ihm das Schreiben nun wurscht sei oder nicht? Das, antwortete mein Freund nach längerem Bedacht, stimme, aber nur dann, falls es stimme, daß er nicht mehr geschrieben habe oder habe schreiben wollen, und falls es stimme, daß ihn tatsächlich der Zuruf einer fremden Frau erreicht hätte, für den Fall, daß ein alter Text von ihm in der Sendung »5 vor 12«, die es, beschworen, tatsächlich gebe, würde gesendet worden sein. Da mein Freund zwar habilitierter Philosoph, aber kein Logiker ist, ich als 'Wissenschaftlicher Dienst' nur bezahlt werde, erfreuten wir uns der Widersprüche mit verstellten Stimmen, die, da wir beide rauchten, in Beckettschem Husten zu ersticken drohten.

Klaus Merz

Flauberts Enkel

Über die Baulücke zieht blauer Himmel, die Schönheit der Brandmauern tritt schonungslos hervor. Eine Jakobinerin mit Einkaufstasche und Hund erobert die Ladenstraße, der Marktfahrer singt sein Auberginenlied.

An der Ecke bleibt ein Dreijähriger stehen, er notiert alles, was er hört und sieht, in sein gelbes Heft, die Mutter wartet. Sie weiß, die Wirklichkeit läßt sich nicht begreifen, außer vielleicht mit einem Bleistift in der Hand.

Sponsorenbesuch

Drei Herren in grauen Anzügen traten ins Turmzimmer. Sie kamen, um Hölderlin unter Vertrag zu nehmen. Von unten herauf faßte ich sie ins Auge. Sie hielten meinen Blicken nicht stand, nestelten verlegen am Doppelreiher herum, er gab ihnen Halt. Die Herren holten tief Luft, eine Brieftasche lag auf der Hand. Hölderlin wandte sich ab, rollte seine Schlafmütze wieder über die Ohren. Ich zog ihm die Fensterläden zu.

Schon Dienstschluß heute? fragte ein Kunstfreund gereizt. Sie stießen im dunklen Zimmer ihre Nasen wund an den Wänden.

Nicht so viel blinder Eifer in der Nacht, meine Herren! Ich sprach es sanft als Subalterner, mir taten die drei Verwirrten leid.

Haribo

Unterwegs zu einem Auftritt im Württembergischen, berichtet der Dichter, hätten ihn auf der Autobahn kurz hintereinander in schneller Fahrt zwei Kleinlaster überholt.

Nach der Firmenanschrift zu schließen, mußten die beiden

Nutzfahrzeuge mit je einer Ladung Gummibärchen unterwegs gewesen sein: So zielstrebig, seufzt der Meister, daß ihm beim Bedenken der eigenen Fracht der Fuß gelahmt habe auf dem Pedal.

Untat

Er schreibe nicht mehr. Nicht schreiben als ein Akt des Schreibens schlechthin. Eine Höchstleistung des Schreibenden, die den Leserinnen und Lesern am wenigsten Arbeit mache, sie aber gleichzeitig gnadenlos auf sich selber zurückwerfe. Punkt.

Mutterseelenallein hockt jetzt die Leserschaft über dem ungeordneten Alphabet, einsam, einzeln, verzweifelt, verwirrt und starrt ins Nichts. Von dem er ihr doch ein Lied singen könnte. Schwiege er nicht.

Klaus Modick

Ende

Ende flimmerte heute doch nicht einmal mehr über die Leinwand, wenn eingefrorene, weichgezeichnete oder gegenbelichtete letzte Bilder, durch die vielleicht noch Schriftzüge des Abspanns mit Dank an alle Beteiligten liefen, uns darauf vorbereiteten, daß in wenigen Sekunden draußen das Leben weiterginge wie eh und je. Und von den letzten Seiten der Bücher war das definitive Wörtchen sowieso längst verschwunden. Manchmal folgten den letzten Worten der Werke allerdings noch Entstehungsdaten, immer schön kursiv, damit man sie nicht mit dem Gedichteten verwechselte, Entstehungsdaten, die man als Hinweis aufs auralos-moderne Selbstverständnis des Autors verstehen durfte, die man aber auch, ganz nach Leserlaune, mit allerlei apokryphen Bedeutungen aufblasen konnte. Beispielsweise kommt hinterm letzten «Ja» im Joyceschen «Ulysses» noch ein, Hand aufs Herz, maßlos enttäuschender, weil stocktraditionalistischer Schlußpunkt – und dann, wie gesagt, dies kursiv gesetzte *Triest–Zürich–Paris, 1914–1921:* 3 Orte, 7 Jahre, ja, ich bitte Sie! Man muß nicht unbedingt 21 Semester Zahlenmystik studiert haben, um hier die symbolschwangere Nachtigall durchs Dickicht der Dichtung trapsen zu hören. Natürlich hätte auch ich meinem Schlußpunkt ein relativ wahrheitsgetreues *Hamburg–New York– Wiefelstede, 1984–1987* anschnallen können; 3 Orte, 3 Jahre, Duplizität der magischen Ziffern, Primzahlen obendrein – was könnte man mehr verlangen? Da hätten meine Exegeten noch in 333 Jahren mächtig was zu rechnen gehabt. Aber was sollte der stilisierende Stuß am Schluß?

Heutzutage las man statt solch autobiographischer Verwirrungstaktik immer häufiger noch irgendwelche zwischen Finanzlakonismus und Danksagungskitsch schwankenden Bemerkungen, welchem StadtschreiberStipendium, welchem Poesie-Preis, welchem musealen Mäzenatentum auch immer der jeweilige Autor es zu verdanken hatte, daß er statt arbeiten zu gehen mit seinem Text dahin gekommen war, wo nun das offenbar obsolet gewordene *Ende* hätte stehen können. Doch mit derlei Zuwendungen hatte man mich nicht bedient, weshalb ich auch mit keiner Floskel dieser Art dienen konnte. *Die Arbeit des Autors am vorliegenden Text erfuhr freundliche Förderung durch die Kindergeldkasse* wäre zwar ein recht realistisches Gruß- und Dankwort gewesen, doch reichten die uns monatlich zustehenden DM 150,– nicht einmal aus, um die immer teurer werdenden Farb- und Korrekturcassetten zu kaufen. Außerdem würde ich Anna und Jakob ihr Kindergeld zurückzahlen, sobald das Honorar auf meinem Konto einrollte. Die Kinder konnten mit dem Geld zwar noch nichts anfangen, aber ich hatte meiner Frau Nora versprochen, daß das Kindergeld eisern gespart und den beiden ausgezahlt würde, wenn sie in siebzehn beziehungsweise neunzehn Jahren zwanzig werden würden. Und was hatte ich von diesem Versprechen? Meine Frau klagte, sie wäre es leid, seit drei Jahren im Schatten dieses Manuskripts stehen zu müssen, was, nebenbei bemerkt, ein ziemlich schiefes Bild war: Mit seinen 643 Seiten à 1800 Anschlägen war das Manuskript so dick nun auch wieder nicht, daß es, selbst beim derzeit herrschenden, niedrigen Novembersonnenstand, die Einmetervierundsiebzig meiner Frau hätte in den Schatten stellen können, ja nicht einmal die Einszweikommafünf Annas oder auch nur die zweiundachtzig Zentimeter Jakobs. Nun ja, das war im Augenblick eigentlich gar nicht mein Thema.

Nehmen wir lieber mal Thomas Mann! Der hatte sich gelegentlich noch den Spaß erlaubt, unters fertige Manuskript jene vier denkwürdigen Abschiedsversalien zu setzen – und wer wollte ihm das auch verdenken? Ich meine, der Mann mußte doch heilfroh gewesen sein, als er dergestalt zum Beispiel seiner «Lotte in Weimar», die sich als ziemliche Zicke erweist, endlich den Laufpaß geben konnte. In diesem *Ende* steckt eine ganze Seufzerbrücke der Erleichterung. Und in der prunkvollen Geste des

Humanismus hat er sogar, Goethe wieder einmal übertrumpfend, der bekanntlich seinen «Faust» mit einem vergleichsweise mundfaulen *Finis* schloß, den «Zauberberg» mit einem *Finis operis* an jener Stelle gekrönt, wo die Augen des Lesers sonst ins Leere wandern.

Wer heute seine Texte mit einem derart opulenten Schlußstrich versähe, käme unverzüglich in den Verdacht, als zitatengeiler Postmoderner Raubzüge durch die Literaturgeschichte veranstaltet zu haben und mit dem Plündergut noch dort prahlerisch aufzutrumpfen, wo auch ein schlichter Punkt den Sachverhalt «Textende» anzuzeigen imstande wäre. Eckhard Henscheids *Finis Operis – Laus Deo* am Ende der «Mätresse des Bischofs» war sowieso nicht mehr einholbar, es sei denn durch ein schon allzu verspieltes *Ultima Finis Operis – Summa Cum Laudeodorante,* oder aber durch ein melancholisch-lyrisches *Das Ende vom Lied,* was aber wiederum nach einem Titel Joseph Conrads gerochen hätte.

Die ganz Schlauen wie William Gaddis setzten heutzutage freilich nicht einmal mehr den allerletzten Schlußpunkt, sondern signalisierten mit einer hochtrickreich kalkulierten Satzzeichenleerstelle am Ende die prinzipielle Unabschließbarkeit oder unabgeschlossene Fragmenttragik ihrer Herzblutmonumente, womit dann sogar noch Célines berühmte drei Pünktchen am Ende der «Reise ans Ende der Nacht» als kümmerlicher Kompromiß im Leeren stehen. Den fehlenden Schlußpunkt gegen Verleger und Lektoren, vor allem aber gegen dudenfeste Korrektoren durchzusetzen, war allerdings eine, wenn auch auf einem anderen Blatt stehende, reife Leistung, die den Respekt eines jeden erheischen mußte, der je den Versuch unternahm, *seine* Vorstellungen von Druck und Satz in Druck und Satz durchzusetzen *(Was soll das denn heißen? Der Setzer).* (Nachtrag in den Korrekturfahnen: Quod erat demonstrandum) *(Ja, ja, schon gut. Ad rem, aber subito! Der Setzer)*

Daß also keiner das Kind mehr beim Namen zu nennen sich traute, auch meine Tochter Anna heißt eigentlich nicht Anna, sondern Anaïs (ja, genau, wie Nin), aber wenn wir geahnt hätten, welch ein Spießrutenlauf durch die allgemeine literarische Ignoranz damit für das Kind und uns verbunden ist, hätten wir sie wahrscheinlich gleich so genannt, wie wir sie jetzt nennen, Anna eben; heut nachmittag war sie übrigens zu Besuch bei ihrer Freundin Sarah, auch so ein Name, der spätestens dann zum Fluch werden dürfte, wenn das Kind in der Schule plötzlich neben drei oder vier anderen Sarahs sitzt ... Wie kam ich jetzt da drauf? Soviel hatte ich noch gar nicht getrunken, eine Flasche Sekt. Ach so, es ging darum, daß ich heute den Nachmittag genutzt hatte, die letzten Seiten kinderfrei in Reinschrift zu bringen, doch so gänzlich unbeschwert ging auch das nicht ab: Sind die Kinder zu Hause, kommt man zu wenig, weil sie dauernd irgendwas wollen; sind sie dann endlich mal weg, kommt man auch nur zu wenig, weil man dauernd daran denken muß, ob sie sich auch anständig benehmen und es hinterher nicht wieder heißt: Verzogenes Künstlerkind. Aber sagen wollte ich eigentlich etwas anderes.

Daß also niemand mehr das Kind beim Namen zu nennen sich traute und schlicht und recht *Ende* schrieb, wenn der Text eben dort angekommen war, wäre vielleicht ein guter Grund gewesen, es einmal wieder zu wagen. Möglicherweise ließe das ungewohnt gewordene Wörtchen den einen oder anderen Kritiker aus seinem epochalen Dauerschlaf erwachen und den Nachweis anzutreten versuchen, hier läge nun endlich die grandiose Überwindung des gescheiterten Konzepts Offenes Kunstwerk vor – und in der Tat war mein Manuskript nichts weniger als das, um von dem, was es darüber hinaus noch alles war, ganz zu schweigen. Von der Kritik sensible Hellhörigkeit zu erhoffen, war natürlich andererseits noch weitaus sinn- und fruchtloser als vom nächsten Buch Peter Handkes zu erwarten, es würde der Lachschlager der Saison.

Wie auch immer, nach gewissenhafter, wenn auch inzwischen nicht mehr ganz nüchterner Abwägung aller Fürs und Widers entschloß ich mich endlich, kein *Ende* zu setzen. *(Was hier gesetzt wird, setze ich. Der Setzer)* Den letzten Punkt jedoch verkniff ich mir nicht nur nicht, sondern ich zelebrierte ihn: Nach Genuß einer weiteren Flasche Sekt, den dafür eigentlich vorgesehenen Champagner hatte ich bereits heut nachmittag zur Feier der Reinschrift des letzten, den Plot krönenden Kapitels verputzt, überließ ich die Ausführung des (bescheiden formuliert) i-Tüpfelchens nicht etwa dem sachlich-kalten Schlag des Typenrads, sondern der geschmeidigen Spitze des Füllfederhalters, der sich allerdings geraume Zeit sträubte, weil Jakob vorhin auf ihm gelutscht hatte. Sentimentaler Anachronismus eines immer noch computerlosen Schriftstellers, dem bereits der Übergang von der elektrischen auf die flüsternde elektronische Typenradmaschine schlaflose Nächte bereitet hatte? Gewiß. Doch dürfte inzwischen hinlänglich klargeworden sein, daß sich in diesem Schlußpunkt sämtliche je gewesenen und überhaupt vorstellbaren Ende-Variationen zu einer quasi minimalistischen Abschiedsapotheose des Autors von seinem Text abstrahiert hatten. Literarischer ausgedrückt, fiel der Vorhang, die Lichter gingen wahlweise an oder verlöschten, die Gartenmöbel wurden reingestellt und der Kellner rief letzte Bestellung, während ich mir noch ein Glas genehmigte. Ab jetzt blieb die Seite weiß, Unschuld revisited, das wiedergefundene Paradies etc. pp. Der Rest war Schweigen und Vorsatz.

In den Kondenswasserschlieren des lauwarmen Sekts am Glas erschien mir das Vorsatzpapier, marmoriert, rötliche Töne vorherrschend, den Leineneinband der Standardausgabe dachte ich mir, falls ich noch dachte, farblich dezent darauf abgestimmt, das seidene Lesebändchen milde dazu kontrastierend, und die numerierte Vorzugsausgabe im Schuber aus handgeschöpftem Büttenpapier illuminierte sich mir in feinstes, flexibles Leder wilder Yak-Kälber gehüllt, das von tibetanischen Mönchen handgegerbt und -geglättet wäre, während die Buchstabenstanzung des Rückens mit dem Munde ausgemalt würde, mit Blattgold behämmert, umschmeichelt von einem pergamentenen Schutzumschlag in Öl und Essig, auf dem das Pieter-Breughel-Gemälde von amerikanischen Jasper-Johns-Flaggen und filzig-fettigen Joseph-Beuys-Arrangements überwuchert wurde, und dann war der Sekt restlos alle. Kurz und gut, die Ausstattung dachte ich mir zu jener vorgerückten Stunde, da meine Frau längst erschöpft im Bett lag und die Kinder ihren Träumen hingegeben selig vor sich her schnorchelten, leicht luxuriös; dafür hatte ich ausgleichende Vorstellungen hinsichtlich eines Ladenpreises von ca. DM 29,80, was bei der zu erwartenden Startauflage sicherlich zu rechnen war. Selbst wenn statt Yaknur Schweinsleder in Betracht kam, dem Werk kongenial, zugleich dienend, anzupassen hatte sich die Kunst der Ausstattung allemal, auch wenn der Verleger Altmeyer bei unserem letzten Treffen ästhetik- und bibliophilieresistent wie stets von Fotosatz *(Macht mir auch keinen Spaß, aber jetzt hat wenigstens das ewige Bleiläusesuchen ein Ende. Der Setzer),* DDR-Billigdruck und preiswertem Linsol-Einband gefaselt hatte. Früher oder später hätte auch er einzusehen, daß mein gigantischer Wurf jene letztgültige Überwindung der Postmoderne mit ihren eigenen Mitteln darstellte, auf die die gesamte literarische Welt seit Jahren wartete.

Alldieweil war ich bei einer Flasche Weinbrand aus Branntwein mit dem eher mißtrauenerregenden Namen *Dujacron* angelangt, dessen wie von Kinderhand gemaltes Etikett ziemlich genau versprach, was sein Geschmack hielt. Die 38 % Vol. taten gleichwohl, wenn ich mich recht entsinne, ihre erwünschte Wirkung. Auf den Titel kam jedenfalls viel, wenn nicht fast alles an, denn der Titel brachte schließlich die Buchhändler dazu, nicht erst partien-, sondern gleich palettenweise vorzuordern; sämtliche Verlagsvertreter würden sich nach dieser Tour zur Ruhe setzen können, und die ersten beiden Auflagen würden bereits vor Auslieferung vergriffen sein. Einen besseren Titel als «Nachtexpress nach Babylon» konnte es nicht geben. Daß der Verlag es dennoch nicht für nötig befunden hatte, darauf Titelschutz anzumelden, war unverantwortlicher Leichtsinn, doch schien es noch einmal gutgegangen zu sein. Zwar war fürs Frühjahr auch ein Roman David Sauermanns mit dem zugegebenermaßen nicht üblen Titel «Schnee in Ninive» angekündigt, zwar schwärmten alle Feuilletons noch von Egbert Umbras «Punk in Ur», und selbst Karl Mays «Bei den Trümmern von Babylon» erzielte nach wie vor hohe Auflagen, aber mein «Nachtexpress nach Babylon» würde an allen Plagiaten vorbeirasen, direkt an die Spitze sämtlicher Besten- und Bestsellerlisten.

Soweit war mir alles klar. Ich beschloß, für heute Schluß zu machen, den Punkt hatte ich mit dem verwüsteten Federhalter hingekriegt, um dann morgen nach Oldenburg zum Copy-Shop zu fahren. Und dann ab die Post. Der Boden schwankte vor Begeisterung, als ich mich vom Schreibtisch abdrückte, und als ich es unter dreimaligem Stolpern auf der Treppe ins Bett gebracht hatte, überfiel mich verschwommen die Frage, was eigentlich von einem Schriftsteller übrigbleibt, wenn die Arbeit getan ist. Ein Häufchen Entschuldigungen für das, was man falsch gemacht und für das, was man alles vergessen hat und was einem erst einfällt, wenn der erste Verriß erschienen ist. Mich packte das unerfreuliche Gefühl einer sich gegen unendlich beschleunigenden, babylonischen Drehung, dem giftgrünen Würgen vergleichbar, das mich geschüttelt hatte, als ich neulich mit Anna auf dem Jahrmarkt in ein *Rotor* genanntes Folterinstrument gestiegen war, freiwillig – eine an sich harmlos aussehende Röhre, gegen deren Rand man sich lehnt, die sich dann jedoch immer schneller zu drehen beginnt und einen, den Gesetzen der Fliehkraft Tribut zollend, an eben diesem Rand kleben läßt, bis man nur noch den einen Wunsch verspürt: Kotzen! Das Teuflische ist aber nun, daß eben dieselbe Fliehkraft, die den zweifelhaften Spaß erst ermöglicht, einem wieder ins Gesicht pressen würde, was man unter keinen Umständen mehr bei sich zu halten können glaubt, weshalb ich es doch vorzog, den Mageninhalt in einer heroischen Anstrengung am unkontrollierten Austritt nach oben zu hindern.

Glücklicherweise erwies meine Müdigkeit sich diesem Würgen überlegen, doch hätte ich vermutlich eine von Schreibblockadeängsten und Schriftstellerpsychosen alptraumhaft verunzierte Nacht zu gewärtigen gehabt, wäre mir nicht im letzten Moment vorm Eintritt des wohlverdienten Blackouts noch ein mieser, alter Witz eingefallen, über den ich lächeln mußte, so daß sich mein Vollrausch zu Morpheus' Armen verklärte, in deren sanfter Umarmung die abgearbeitete Muse in Rente ging und der durchgerittene Pegasus seinen Gnadenhafer fraß: Goethe ist tot, Joyce ist tot, und mir ist auch schon ganz übel.

Autoren

Jürg Amann, Schriftsteller, geb. 1947, lebt in Zürich. Zuletzt erschienen der Roman »Ikarus« (1998), der Wort-Bild-Essay »Kafka« (2000) und die Erzählung »Am Ufer des Flusses« (2001).
»Der Tod stirbt« zuerst in: »Schöne Aussicht. Prosastücke«, Innsbruck 1997.

Inka Bach, Schriftstellerin, geb. 1956, lebt in Berlin. Zuletzt erschienen »Hesel« (1993), »Pansfüße« (1994) und »Wir kennen die Fremde nicht. Rheinsberger Tagebuch« (2000).
»Arbeit«, Erstveröffentlichung.

Jürg Beeler, Schriftsteller, geb. 1957, lebt in Zürich. Zuletzt erschienen die Romane »Blues für Nichtschwimmer« (1996) und »Das Alphabet der Wolken« (1998).
»Sie besuchen mich nachts«, Erstveröffentlichung von Ausschnitten aus dem im Frühjahr 2002 erscheinenden Roman »Antonio Stradivari« (Arbeitstitel).

Kurt Bracharz, Schriftsteller, geb. 1947, lebt in Bregenz. Kinderbücher, Kulinaria, Kriminalromane, Kolumnen.
»Selbstermunterung eines Diaristen«, Erstveröffentlichung.

Martin R. Dean, Schriftsteller, geb. 1955, lebt in Basel. Zuletzt erschienene Bücher: »Monsieur Fume oder das Glück der Vergesslichkeit« (1998), »Die Ballade von Billie und Joe« (1997), »Der Guayanaknoten« (1994).
»Der blaue Elefant«, Erstveröffentlichung.

Friedrich Christian Delius, Schriftsteller, geb. 1943, lebt in Berlin. Zuletzt erschienen die Erzählungen »Amerikahaus und der Tanz um die Frauen« (1997), »Die Flatterzunge« (1999) und der Roman »Der Königsmacher« (2001).

»Am Schreibtisch, halb elf« aus »Amerikahaus und der Tanz um die Frauen«, Reinbek 1997.

Ulrike Draesner, freie Schriftstellerin, geb. 1962, lebt in Berlin. Zuletzt erschienen der Gedichtband »für die nacht geheuerte zellen«, ihr Roman »Lichtpause«, der Erzählungsband »Reisen unter den Augenlidern« und »to change the subject. Radikal-übersetzungen von Shakespeare-Sonetten«.
»Tagebuch«, Erstveröffentlichung.

Bernd Eilert, freier Autor, arbeitet bisweilen auch fürs Fernsehen, geb. 1949, lebt in Frankfurt am Main.
»Gedächtnisprotokoll einer Drehbuchkonferenz«, Erstveröffentlichung.

Christoph Geiser, Schriftsteller, geb. 1949, lebt in Bern. Zuletzt erschienene Romane: »Das Gefängnis der Wünsche« (1992), »Kahn, Knaben, schnelle Fahrt – Eine Fantasie« (1995), »Die Baumeister – Eine Fiktion« (1998).
»Die Traumverlegerin«, Erstveröffentlichung.

Wilhelm Genazino, freier Schriftsteller, geb. 1943, lebt in Heidelberg. Zuletzt erschienen: »Das Licht brennt ein Loch in den Tag«, (1996); »Die Kassiererinnen« (1998); »Auf der Kippe« (2000).
»Heimat, vorgespiegelt« zuerst in: »Von Büchern und Menschen«, Frankfurt/Main 2000.

Alban Nikolai Herbst, Schriftsteller, geb. 1955, lebt in Berlin. Romane: »Wolpertinger oder Das Blau« (1993), »Thetis. Anderswelt« (1998), »Buenos Aires. Anderswelt« (2001).
»Rede aus Anlaß der Verleihung des Phantastik-Preises der Stadt Wetzlar zum 16. September 1999 gehalten von einem Feinde«, Erstveröffentlichung.

Thomas Hettche, Schriftsteller, geb. 1964, lebt in Frankfurt am

Main. Zuletzt erschienen »Animationen« (1999), »NULL. Literatur im Netz. Herausgegeben von Jana Hensel und Thomas Hettche« (2000), »Der Fall Arbogast. Kriminalroman« (2001).
»Gespenster«, Erstveröffentlichung.

Hermann Kinder, Schriftsteller und Literaturwissenschaftler, geb. 1944, lebt in Konstanz. Zuletzt erschienen »Himmelhohes Krähengeschrei. Kammerprosa« (2000).
»Aufhören! Aufhören?!«, Erstveröffentlichung.

Roland Koch, freier Schriftsteller, geb.1959, lebt in Köln. Veröffentlichungen u.a. »Die tägliche Eroberung« (1991), »Helle Nächte« (1995), »Das braune Mädchen« (1998), »Paare« (2000).
»Einatmen, ausatmen«, Erstveröffentlichung.

Ursula Krechel, Schriftstellerin, geb. 1947, lebt in Berlin. Zuletzt erschienen die Gedichtbände »Ungezürnt« (1997) und »Verbeugungen vor der Luft« (1999), die Erzählung »Der Übergriff« (Herbst 2001).
»Auslassungen über das Weglassen«, zuerst in: »Zwischen den Zeilen«, Heft 5, Februar 1995.

Judith Kuckart, Schriftstellerin, geb. 1959, lebt in Zürich und Berlin. Erschienen sind »Melancholie 1 oder die 2 Schwestern« (Theaterstück 1997), »Der Bibliothekar« (1998).
» ‚Und bricht den Hals sich nicht und lernt auch nichts‘ «, Erstveröffentlichung.

Klaus Merz, Schriftsteller, geb. 1945, lebt in Unterkulm/Schweiz. Zuletzt erschienen die Romane »Jakob schläft« (1997), »Kommen Sie mit mir ans Meer, Fräulein?« (1998) und »Garn. Prosa & Gedichte«, (2000).
»Haribo«, »Untat«, »Sponsorenbesuch«, zuerst in: »Garn«, Innsbruck 2000.
»Flauberts Enkel«, zuerst in: »Kurze Durchsage«, Innsbruck 1995.

Klaus Modick, Schriftsteller, geb. 1951, lebt in Oldenburg/O. Zuletzt erschienen die Romane »Der Mann im Mast« (1997), »Vierundzwanzig Türen« (2000) und der Essayband »Milder Rausch« (1999).
»Ende«, aus: »Weg war weg«, Reinbek 1988.

Helmut Mörchen, geb. 1945, Privatdozent für Neuere deutsche Literaturwissenschaft und Literaturdidaktik an der RWTH Aachen, lebt in Bad Münstereifel als Direktor der Kurt-Schumacher-Akademie der Friedrich-Ebert-Stiftung.

Brigitte Oleschinski, Schriftstellerin, geb. 1955, lebt in Berlin. Literarische Veröffentlichungen »Mental Heat Control« (1990), »Your Passport Is Not Guilty« (1997), »Riots in Aspik« (2002).
»Sandpapier, Tintenfühler«, geschrieben für das Symposium »Buchmaschinen. Alte Erinnerungen in neuen Speichern«, 3.–5. November 2000 in Frankfurt am Main, Erstveröffentlichung.

Jochen Schimmang, Schriftsteller, geb. 1948, lebt in Leer/Ostfriesland. Zuletzt erschienen der Erzählungsband »Königswege« (1995), der Roman »Ein kurzes Buch über die Liebe« (1997) und der Essay »Vertrautes Gelände, besetzte Stadt« (1998).
»Ich möchte lieber nicht, sagt Murnau«, Erstveröffentlichung.